QUEM TEM MEDO DOS ESPÍRITOS?

RICHARD SIMONETTI

QUEM TEM MEDO DOS ESPÍRITOS?

CEAC
EDITORA

Catalogação na Fonte do
Departamento Nacional do Livro

S598q
Simonetti, Richard, 1935 -
Quem tem medo dos espíritos? / Richard Simonetti; - Bauru, SP: CEAC, 1999.
168.; cm.
ISBN 85-86359-10-6

1. Espiritismo I. Centro Espírita Amor e Caridade. II. Título.

CDD-133.9

Projeto gráfico, capa e diagramação
Maria Amélia Bittencourt
Renato Leandro de Oliveira

19ª Edição – Abril de 2011
2.000 exemplares
63.501 a 65.500

Edição e Distribuição

CEAC
EDITORA

Rua 7 de Setembro, 8-56
Fone/Fax (14) 227-0618
CEP 17015-031 - Bauru-SP
e-mail: editoraceac@ceac.org.br
www.ceac.org.br

Os Espíritos revestidos dos seus corpos materiais constituem a Humanidade ou mundo corporal visível; despojados desses corpos, formam o mundo espiritual ou invisível, que enche o espaço e no meio do qual vivemos sem disso desconfiarmos, como vivemos no mundo dos infinitamente pequenos, do qual não suspeitávamos antes da invenção do microscópio.

Os Espíritos não são, pois, entes abstratos, vagos e indefinidos, mas seres concretos e circunscritos, aos quais só falta a faculdade de serem vistos, para que se assemelham aos homens; donde se segue que se, num dado momento, pudesse ser levantado o véu que no-los esconde, eles formariam uma população ao nosso derredor.

Allan Kardec, em **O Principiante Espírita**

SUMÁRIO

MEDO DA PRÓPRIA ESPÉCIE

Durante anos, vimos comentando **O Livro dos Espíritos** *nas reuniões públicas do Centro Espírita "Amor e Caridade", em Bauru.*

Procuramos, até mesmo em face de nossas limitações para voos mais altos, enfatizar os temas que dizem respeito ao cotidiano, lembrando episódios pitorescos e experiências edificantes que enriqueçam a narrativa.

Dessa incursão pela obra maior da Doutrina Espírita vieram a lume dois livros:

A Constituição Divina, *que aborda as Leis Morais, na terceira parte.*

Um Jeito de Ser Feliz, *relativo às Esperanças e Consolações, na quarta parte.*

Submetemos agora à sua apreciação, amigo leitor, comentários em torno da segunda parte, enfocando Do Mundo Espírita e dos Espíritos.

Frequentemente nosso prezado companheiro Sebastião Carlos Gomes de Barros, que preside aquelas reuniões, anuncia o estudo explicando que **O Livro dos Espíritos** *é o nosso livro.*

Essa observação é pertinente, porquanto muita gente tem medo de tudo o que diz respeito aos Espíritos, sem compreender que todos o somos, com a diferença de que estamos usando um escafandro - o corpo físico - para transitar pela matéria densa.

Ao tratar da origem e natureza dos Espíritos e do Mundo Espiritual, Allan Kardec formulou perguntas aos mentores que o assistiam, cujas respostas sintetizam tratados sobre o assunto.

Ali temos raciocínios claros e objetivos que nos permitem superar esse medo irracional de seres de nossa própria espécie, apenas porque não estão revestidos de carne.

Detivemo-nos em torno dos seis primeiros capítulos da segunda parte, aproveitando as questões que nos pareceram mais representativas, com modestos subsídios para apreciação atual desse insuperável compêndio de sabedoria que é **O Livro dos Espíritos**.

POPULAÇÃO UNIVERSAL

Que definição se pode dar dos Espíritos?

Pode dizer-se que os Espíritos são os seres inteligentes da criação. Povoam o Universo, fora do mundo material.

Questão 76

Segundo concepções teológicas inspiradas em textos bíblicos, Deus criou o Homem e o colocou no mundo para reinar sobre todos os seres vivos.

Ao final da existência física, o Espírito, componente imortal da personalidade humana, dorme até remoto juízo final. Então ocorrerá espantoso milagre. O corpo reviverá, mesmo que não lhe reste um osso sequer, ou uma simples célula, átomos dispersos que, por sua vez, entraram na composição de incontáveis organismos vivos.

Teremos uma bomba atômica demográfica que mesmo Maltus, em seus pesadelos mais tétricos sobre a expansão populacional, jamais poderia sonhar. Simplesmente não haverá espaço para tanta gente.

A situação será contornada após o julgamento. Os bons aqui permanecerão, em beatitude eterna, transformada a Terra em paraíso. Os maus serão confinados no inferno, alhures, em tormentos infindáveis, num atestado de incompetência divina - um Deus que não conseguiu salvar seus filhos, porquanto, presumivelmente, o Eterno não pretendia que nenhum deles se perdesse.

O tempo envelheceu essas teorias. Rechaçam-nas, invariavelmente, aqueles que adquiriram o salutar hábito de questioná-las.

* * *

A partir do século XVIII, quando a Humanidade readquiriu a vocação de pensar, após a escuridão medieval imposta por lideranças religiosas que defendiam a ferro e fogo suas posições escatológicas, a Ciência iniciou o desmonte desse legado de fantasias.

Seria rematada ingenuidade, por exemplo, conceber hoje que a Terra é o centro do Universo e o Homem, o rei da criação, como se impunha outrora. Está demonstrado que nosso mundo é uma poeira cósmica que gravita em torno de um carvão incandescente - o sol, humilde estrela de quinta grandeza.

Nosso sistema movimenta-se quase anônimo na Via Láctea, um aglomerado de cerca de cem bilhões de estrelas, algumas tão grandes que, se colocadas no lugar do sol, engoliriam até mesmo Plutão, o planeta mais distante de nosso outrora *astro-rei*. E há bilhões de galáxias no Universo.

Por outro lado, sabe-se que uma estrela mãe, com seus *filhos*, os planetas, não é um acontecimento isolado. Concebem os astrônomos que somente na Via Láctea há pelo menos cem milhões de planetas; no mínimo cem mil com vida inteligente e mil com civilizações mais evoluídas que a nossa.

Isso tudo inspira indagações perturbadoras.

Em outros planetas habitados também ocorreu o pecado original dos textos bíblicos?

Se a resposta é negativa, desfrutam seus habitantes da imortalidade física, já que aqui experimentamos a morte em decorrência dele?

Qual o critério adotado por Deus para distribuir a população universal? Uns em mundos ditosos, que desconhecem o sofrimento e a morte, isentos de tentações e quedas, paraísos não maculados pelo pecado original; outros, em mundos de misérias como a Terra, usando corpos frágeis e perecíveis, sob o assédio implacável de poderes infernais que os induzem à perdição...

Tudo isso porque um suposto casal original cometeu o original pecado de buscar o conhecimento?

Mais cedo ou mais tarde ruirão as barreiras dogmáticas que impedem o exercício da razão, como ruiu o muro de Berlim que inibia o exercício da liberdade.

Concepções teológicas medievais deverão ser repensadas, assimilando os progressos da Ciência, ou fatalmente as religiões que as sustentam desaparecerão por anacrônicas, incompatibilizadas com a lógica e o bom senso.

Algo tem sido feito nesse sentido.

Teólogos progressistas defendem a ideia de que o dogma religioso não é imutável. Isto significa que os textos religiosos não são *a palavra de Deus*, mas a palavra do Homem a respeito da divindade. São passíveis, portanto, de evolução, acompanhando o aprimoramento da inteligência humana.

O padre francês Teilhard de Chardin, cuja obra é bastante divulgada na atualidade, propôs uma ideia avançadíssima - a evolução do Espírito.

Temos aqui uma revolução teológica. Se o Espírito é perfectível, isto é, passível de aprimoramento, as faltas que cometa são mera decorrência de sua imperfeição, razão pela qual deve ser educado, jamais confinado em abismos infernais sem remição.

O próprio inferno existiria não como um local onde o faltoso deva permanecer todo o tempo, mas como um estado de consciência infeliz, que compõe seu tempo de redenção.

O desdobramento dessas ideias fatalmente desembocará no Espiritismo, completando-se esse arcabouço evolucionista com o conhecimento da Reencarnação e da Lei de Causa e Efeito.

* * *

Ordenando nossos raciocínios para a abordagem dos enigmas do Universo, a Doutrina Espírita define os Espíritos como os seres inteligentes da Criação.

O complemento *fora do mundo material* é de fundamental importância para compreendermos que as incontáveis galáxias, com seus sistemas solares e desconhecidos planetas que pululam no infinito, não representam mero exercício de diletantismo do Criador, nem foram feitos para deleite de nossos olhos ou para dar serviço aos astrônomos.

São todos eles moradas de Espíritos em variados estágios de evolução, atendendo a experiências específicas, relacionadas com suas necessidades evolutivas.

Essa população universal espraia-se pelo cosmos, mergulhando na matéria, em *escafandros* semelhante ao corpo físico que usamos ou compondo comunidades espirituais, onde não haja essa possibilidade ou necessidade dela.

Assim, Espíritos que somos, os seres pensantes da Criação, fazemos nosso trânsito evolutivo, no desdobramento de gloriosas experiências rumo à angelitude.

Nos caminhos iniciais, como aqueles em que nos encontramos, sempre haverá vacilações e quedas, desvios e comprometimentos com o erro, fruto de nossa imaturidade. Mas, inexoravelmente, tangidos pela dor - a resposta da Vida aos nossos enganos - e amadurecidos pela experiência, caminhamos para a perfeição.

* * *

Advertindo não pretender definições absolutas, Kardec aborda essa ascese em *O Livro dos Espíritos*, estabelecendo uma escala com três ordens, em dez categorias evolutivas.

Considerando que essa classificação vale também para as criaturas humanas, Espíritos *encarnados*, temos ali um roteiro de avaliação para nossa própria condição, permitindo-nos constatar em que categoria nos situamos.

Já na introdução da Terceira Ordem, a mais elementar, podemos perceber por que a Terra é considerada um planeta de expiação e provas, que ocupa humilde posição na sociedade dos mundos, porquanto raros não se enquadram nela, o que podemos constatar pinçando algumas de suas características:

Predominância da matéria sobre o Espírito.

Propensão para o mal. Ignorância, orgulho, egoísmo e todas as paixões que lhes são consequentes.

Têm intuição de Deus, mas não o compreendem.

Uns não fazem o bem nem o mal; mas, pelo simples fato de hão fazerem o bem, já denotam a sua inferioridade. Outros, ao contrário, se comprazem no mal e se rejubilam quando uma ocasião se lhes depara de praticá-lo.

A inteligência pode achar-se neles aliada à maldade ou à malícia; seja, porém, qual for o grau que tenham alcançado de desenvolvimento intelectual, suas ideias são pouco elevadas e mais ou menos abjetos seus sentimentos.

Mas podemos *queimar etapas* em nossa jornada evolutiva, imitando os exemplos dos Espíritos puros, que atingiram culminâncias.

Diz Kardec a respeito deles:

Gozam de inalterável felicidade, porque não se acham submetidos às necessidades, nem às vicissitudes da vida material. Essa felicidade, porém, não é a da ociosidade monótona, a transcorrer em perpétua contemplação. Eles são os mensageiros e os ministros de Deus, cujas ordens executam para manutenção da harmonia universal.

(....)Assistir os homens nas suas aflições, concitá-los ao bem ou à expiação das faltas que os conservam distanciados da suprema felicidade, constitui para eles ocupação gratíssima.

Do que sabem e do que podem Espíritos dessa estirpe temos um exemplo marcante em Jesus, que sintetizou em breves ensinamentos as leis morais que regem nossa evolução, vivenciando-as em plenitude, da manjedoura à cruz.

OS SEGREDOS DE DEUS

Os Espíritos se formam espontaneamente, ou procedem uns dos outros?

Deus os cria, como a todas as outras criaturas, pela sua vontade. Mas, repito ainda uma vez, a origem deles é mistério.

Questão 81

Em face de dúvidas sobre suas proposições, a teologia dogmática descarta qualquer questionamento com irrecorrível afirmação: mistério - um segredo de Deus - desvendável apenas quando o Criador dispõe-se a obsequiar o Homem com uma revelação.

E nem sempre isso resolve o problema. O Dogma da Santíssima Trindade, por exemplo - uma *revelação* a justificar porque Jesus, sendo Deus, como se pretende, referia-se a si mesmo como simples servo e mensageiro do Eterno - é uma solução tão misteriosa quanto o enigma que pretende desvendar.

Baluarte inexpugnável do dogma, o mistério reina, soberano, à frente de delirantes fantasias teológicas que subestimam a razão.

Se contestamos a ressurreição de Jesus, considerando a irreversível desagregação celular imposta pela morte, informa-se: mistério.

Se confrontamos a equidade divina com a diversidade das situações humanas, em que há ricos e pobres, santos e facínoras, bons e maus, sãos e doentes, gênios e idiotas, atletas e tetraplégicos - desde o berço - proclama-se: mistério.

Se estranhamos a doutrina das graças, segundo a qual Deus teria escolhidos para a salvação, contrariando o mais elementar princípio de justiça, vem a mesma cantilena: mistério.

Assim como os dogmas, os mistérios geram descrença na medida em que, desenvolvendo sua inteligência, o Homem recusa-se a conviver com a fantasia.

* * *

Para a Doutrina Espírita, o mistério não é fruto proibido no jardim das cogitações humanas. Apenas está verde e poderá perfeitamente ser digerido na medida em que amadureçamos nossas faculdades intelectivas.

A criança de três anos não está proibida de resolver os mistérios da álgebra. O que a impede é a ausência de acuidade mental para isso. Assim como ela o fará, também o Homem decifrará os enigmas do Universo, na medida em que desenvolver suas potencialidades como filho de Deus.

Era um mistério a razão pela qual os corpos sólidos despencam no espaço sempre que perdem a sustentação, até que Newton formulou a Lei da Gravitação Universal: *A matéria atrai a matéria na razão direta de sua massa e inversa do quadrado de suas distâncias*. Por isso, os astronautas flutuam quando afastados da força gravitacional terrestre.

Insondável mistério, suposto castigo divino, eram determinados males da antiguidade, que se espalhavam com a rapidez do raio, dizimando populações imensas, até a invenção do microscópio, que permitiu devassar o universo dos micro-organismos, disseminadores de epidemias onde há ausência de higiene, assepsia e profilaxia.

Assustadores mistérios eram as casas mal-assombradas, onde se ouviam barulhos inexplicáveis, móveis se movimentavam, chuvas de pedras precipitavam-se sobre o telhado, objetos entravam em combustão, até que o Espiritismo demonstrou a existência de Espíritos que provocam esses fenômenos, a partir da presença, nesses locais, de indivíduos portadores de uma sensibilidade especial, a mediunidade de efeitos físicos, a fornecerem, inconscientemente, os recursos fluídicos necessários.

Na antiguidade havia o mistério da geração espontânea, que dava cobertura à fantasia criacionista da Bíblia. Concebia-se até uma experiência comprobatória: deixava-se ao ar livre um pedaço de carne e, em pouco tempo, ali surgiam vermes em grande quantidade. O engano foi desfeito quando os observadores constataram que o fenômeno somente ocorria com a presença de moscas, que pousavam nos tecidos em decomposição. Os vermes eram larvas do inseto, que tinham na carne putrefata o seu viveiro.

Sabemos hoje que os seres vivos *invariavelmente* procedem de outros seres vivos, reproduzindo-se a partir de órgãos adequados e que a multiplicidade das espécies vivas, na Terra, é fruto de um processo evolutivo que se iniciou há milhões de anos, com organismos unicelulares, atingindo seu ápice na espécie humana.

Quanto aos Espíritos, por sua natureza, não podem proceder uns dos outros, como os homens.

A razão nos diz que não foram criados instantaneamente. Se a vestimenta carnal, o corpo que usamos na Terra, demandou, como a Ciência demonstra, milhões de anos de aperfeiçoamento até atingir a complexidade necessária para a manifestação da inteligência na Terra, seria inconcebível que o Espírito, infinitamente mais complexo, fosse criado num *estalar de dedos* por Deus.

A origem dos Espíritos é um mistério, não no sentido teológico - assunto proibido, que não devemos questionar. Apenas é assunto indevassável em nosso atual estágio evolutivo.

* * *

Certa feita, distraía-me com palavras cruzadas. O nível era muito elevado, com conceitos absolutamente indefiníveis para mim. No entanto, quando li *escrita dos Espíritos sem que intervenha a mão do médium*, não tive dúvida. Isso eu conhecia. A palavra era pneumatografia. Um outro conceito - escrita em alto-relevo para cegos - foi facilmente definido por um amigo especialista em Braille: anagliptografia.

Assim ocorre com o *quebra-cabeças* que é o Universo. Na medida em que se alargam os horizontes de nosso conhecimento, com a maturidade intelectual e espiritual, definimos suas leis, compreendemos seu funcionamento, deciframos seus mistérios.

* * *

O cruzadista tem em seu auxílio o dicionário.

A Doutrina Espírita é o dicionário sublime que nos ajuda a decifrar a charada de nossa existência: de onde viemos, o que fazemos na Terra, para onde vamos.

Avançando nesse conhecimento, explica-nos que onde há vida existe um princípio espiritual que a sustenta. Ele se desenvolve nos milênios sem conta, até atingir a complexidade necessária para o aparecimento do Espírito, o ser pensante da Criação.

Não sabemos quanto tempo demanda essa metamorfose, quando, como e onde ocorre, mas chegaremos lá, quando completarmos a transição em que nos encontramos - da inferioridade à perfeição, da humanidade à angelitude, quando não mais haverá mistérios para nós.

VESTIDOS DE LUZ

Os Espíritos têm forma determinada, limitada e constante?

Para vós, não; para nós, sim. O Espírito é, se quiserdes, uma chama, um clarão, ou uma centelha etérea.

Essa chama ou centelha tem cor?

Tem uma coloração que, para vós, vai do colorido escuro e opaco a uma cor brilhante, qual a do rubi, conforme o Espírito é mais ou menos puro.

Questões 88 e 88-a

Num desses momentos fulgurantes da Filosofia, em que se harmonizam a conceituação profunda e a simplicidade conceitual, Descartes proclamou:

Penso, logo existo.

Enunciava o óbvio até então não cogitado:

O fato de podermos exercitar os miolos, concebendo a própria existência, evidencia que existimos.

Poderia o sábio francês acrescentar:

...e existindo, ocupo espaço.

Sim, porque é impossível existir sem marcar presença em algum lugar.

Na mesma linha de raciocínio, forçoso admitir que o Espírito tem forma, já que não se trata de simples abstração teológica. É uma individualidade, o ser pensante que, embora invisível ao olhar humano, habitante de outra dimensão, ocupa o espaço em que se situa.

A morfologia e a fisiologia do Espírito, sua forma e organização, parecem-nos tão distantes do entendimento humano, no atual estágio evolutivo, quanto a natureza de Deus.

Tudo o que podemos saber é que o Espírito, em essência, sem o revestimento perispiritual, pode ser, precariamente, comparado a uma chama.

* * *

O homem tem um conhecimento intuitivo das realidades universais, embora nem sempre consiga defini-las com objetividade, enredando-se em mitos e crendices.

Na Antiguidade, imaginava-se que as estrelas cadentes, meteoros que se incandescem ao atritar com a atmosfera terrestre, fossem aparições de Espíritos nas alturas. A famosa estrela de Belém, que guiou os reis magos até Jesus, é confundida com a luminosidade de Espírito tutelar.

Outra verdade pressentida diz respeito à cor e intensidade luminosa dos seres espirituais. Se angélicos, são mostrados em gravuras com halos resplandecentes. Entidades demoníacas aparecem nimbadas de sombras.

Videntes de acentuada sensibilidade confirmam:

Espíritos evoluídos vestem-se de luz, como se exteriorizassem a própria virtude em vibrações resplandecentes; Espíritos comprometidos com o vício e o crime apresentam-se escuros, luz eclipsada por seus pensamentos desajustados.

Em face de nossas imperfeições, temos maior facilidade para contatar esses *deselegantes* moradores do além, com seus *uniformes* de sombras, a exercerem perturbadora influência sobre nós. Daí muita gente temer visões do mundo espiritual.

* * *

Espíritos que somos, envergando transitoriamente um traje de carne, também podemos ser avaliados pela natureza de nossa aura.

Por isso os benfeitores desencarnados nos conhecem tão bem. Ainda que simulemos virtudes que não possuímos ou exercitemos verborrágica integridade, jamais os iludiremos, porquanto eles veem como somos realmente, pela natureza de nossas vibrações.

Futuramente teremos instrumental ótico com suficiente sensibilidade para detectar, pela luminosidade, o que vai no coração humano. Então haverá substanciais transformações no relacionamento social, com a erradicação da mentira, da hipocrisia, da falsidade...

Imaginemos uma câmara de televisão com esse aperfeiçoamento...

Seria o fim dos profissionais da política, dos pregadores farisaicos, dos comunicadores a serviço da conturbação e da desordem...

No lar, um aparelho desses inviabilizaria o adultério.

Nos negócios, imperaria a honestidade.

Na vida social, a lisura, a sinceridade.

Uma revolução!

* * *

A depuração de nosso padrão vibratório, a formação de uma aura luminosa, subordina-se ao nosso empenho no Bem, a eletricidade divina que ilumina nosso coração, revestindo-nos de luz.

A esse propósito, lembramos a alegoria notável de Frank Capra, famoso cineasta americano, no filme *A Felicidade Não Se Compra.*

É a história de um Espírito desencarnado, candidato a anjo que, para ganhar suas asas - iluminar-se -, recebeu a missão de ajudar um valoroso empresário que, em virtude de grave problema financeiro, provocado por desonesto banqueiro, asilara no cérebro a perturbadora ideia do suicídio.

O vestibulando da angelitude foi encontrá-lo na véspera do Natal, à noite, prestes a saltar de uma ponte nas águas geladas que corriam embaixo.

Fazendo-se visível e se identificando, falou-lhe de sua missão e, sem nenhuma pretensão de demovê-lo pintando as negras consequências do suicídio, comentou que seria um desperdício, porquanto ele vinha sendo importante para muita gente.

Ante o ceticismo de seu protegido, que se sentia um fracassado, o amigo espiritual mostrou-lhe várias situações:

Num cemitério, a sepultura de um irmão, em data recuada.

- Mas ele não morreu. Está bem vivo! - reclamou o empresário.

- Teria morrido se você não o salvasse de afogamento, na adolescência. Lembra-se?

Mostrou-lhe uma solteirona tristonha e introvertida.

- Minha esposa! Está muito diferente. Ela não é assim...

- Seria se você não estivesse em sua vida, oferecendo-lhe a gratificante experiência de uma família numerosa e bem formada.

Após sucessivas evocações de um passado infeliz, não fora a felicidade de sua presença, foi-lhe mostrado o quadro mais dramático, quando, percorrendo a cidade, o empresário espantou-se por vê-la transformada em antro de perdição, invadida por casas de jogo e de prostituição.

- Essa não é minha cidade! - exclamou, aturdido.

- Tem razão. Sua cidade é diferente. Você fez a diferença, com seu idealismo, com seus empreendimentos imobiliários, favorecendo a edificação de bairros com casas populares, afastando especuladores e agentes do vício...

Compreendeu, então, o homem que desistira de viver, que sua vida tinha um significado. Era preciso enfrentar a adversidade para continuar ajudando as pessoas como fizera sempre. E desistiu de morrer...

Persistia o problema financeiro, mas mudara sua maneira de apreciá-lo. Ainda que viesse a falência de seus empreendimentos, não se permitiria falir como ser humano, disposto a enfrentar a adversidade.

Regressou em estado de graça ao lar, repetindo, eufórico, às pessoas que encontrava:

- Feliz Natal! Feliz Natal!

Em casa uma surpresa:

Os amigos, muitos amigos, uma multidão, cotizados, conseguiram o dinheiro suficiente para que a falência fosse evitada.

Enquanto festejavam, o empresário, ouvindo um sino na sala, comentou com a esposa:

- Dizem que sinos repicando anunciam anjos que ganharam asas.

E sorriu, feliz, considerando que seu protetor conquistara o desejado prêmio, salvando-o.

* * *

O encantador filme de Frank Capra demonstra que sempre poderemos ser importantes para alguém, por mais humilde seja nossa posição. Vale a pena viver por isso.

E tanto mais valerá quanto maior o nosso empenho no Bem, que nos habilitará a ajudar crescente quantidade de pessoas, com o que iluminaremos nossos caminhos, vestindo-nos de luz.

INVOLUÇAO OU REVELAÇÃO?

Podem os Espíritos degenerar?

Não: à medida que avançam, compreendem o que os distanciava da perfeição. Concluindo uma prova, o Espírito fica com a ciência que daí lhe veio e não a esquece. Pode permanecer estacionário, mas não retrograda.

Questão 118

Estamos integrados num *continuum* evolutivo. Sempre para frente, ainda que a passos lentos, como uma tartaruga. Jamais com alternativas de retrocesso, como um caranguejo.

Nossas conquistas intelectivas e morais são inalienáveis. O indivíduo que edifica o bem será sempre bom, da mesma forma que o sábio não perderá a visão de realidade que exprime sua sabedoria.

A velhice parece desmentir essas afirmativas, reduzindo em certos indivíduos a capacidade intelectual.

Uma involução?

Nada disso. Simplesmente o Espírito, em tal situação, não pode manifestar seus potenciais de conhecimento e inteligência, em virtude da degenerescência das células cerebrais, pelo envelhecimento. Um exímio pianista não poderá mostrar sua arte num piano desafinado.

* * *

Há pessoas sociáveis que inopinadamente comprometem-se em atitudes infelizes e surpreendentes:

Um homem pacífico discute com o vizinho por causa do som de seu televisor, que está a incomodá-lo. Irritado, fora de si, toma de um revólver e lhe dá vários tiros, matando-o.

Dedicado chefe de família, pai de três filhos, marido carinhoso, vida conjugal tranquila, envolve-se com volúvel jovem e abandona o lar.

Adolescente disciplinada e obediente passa por lamentável metamorfose ao entrar para a Faculdade. Envolvendo-se com más companhias, torna a convivência doméstica um inferno. Desrespeita os pais, agride os irmãos, não aceita qualquer orientação, comprometendo-se em perniciosos desregramentos.

Quem convive com pessoas assim fica perplexo. Parece que desaprenderam, caminharam para trás, *involuíram*.

Nada disso. Houve apenas uma *revelação*.

Fácil conservar a calma, a serenidade, o equilíbrio, quando tudo corre bem, dentro da rotina, sem que enfrentemos desafios ou contestações. É em circunstâncias especiais, de tensão e grande emoção, em crises existenciais, que nos desnudamos, mostrando quem somos, qual o nosso estágio evolutivo.

No relacionamento diário há o verniz social, um conjunto de normas de civilidade que regem nossas relações. Mas é uma camada muito fina, que se rompe facilmente.

O homem que atira num desafeto; aquele que parte do lar para o embalo de uma aventura amorosa; a jovem em conflito com a família e todos aqueles que *saem dos trilhos* estão apenas *revelando* fragilidades incrustadas em sua personalidade.

* * *

Isso ocorre também no plano coletivo.

Envolvidos por impulsos instintivos da multidão, que em determinadas circunstâncias age irracionalmente, como num estouro de boiada, há indivíduos que se tornam capazes de cometer atrocidades.

Difícil encontrar algo mais selvagem do que um linchamento. A turba desvairada massacra alguém que despertou sua ira. Não raro, vemos ali cidadãos pacatos que, aparentemente, jamais se prestariam a semelhante iniciativa.

Terroristas, envolvidos na guerrilha urbana, não vacilam em explodir bombas em logradouros públicos, matando inocentes, com o propósito de desestabilizar a sociedade para tomar o poder. Não possuem nenhum respeito pela vida humana. No entanto, fora das atividades que lhes revelam a índole, são pessoas pacatas que chegam a dedicar carinho aos familiares e companheiros.

Na guerra há indivíduos que se transformam em feras, dominados por destruidores impulsos que pareciam inexistir neles. Há alguns anos foi preso no Brasil o alemão Gustav Franz Wagner, apelidado *besta humana*, em face das atrocidades que cometeu contra os judeus, na condição de carrasco nazista. Vizinhos que conviveram com ele tiveram dificuldade de aceitar sua verdadeira identidade, porquanto tratava-se de um homem afável, simples, que as crianças chamavam vovô.

Aqueles que se engajam num linchamento, numa ideologia anarquista, nos horrores de uma guerra, *involuem*?

Não. Apenas se *desvelam*.

* * *

O grande problema, no contexto humano, é a tendência ao estacionamento. Multidões transitam pela Terra inteiramente distraídas das finalidades da existência, *marcando passo* nos caminhos evolutivos.

Muitos exercitam inteligência atilada, iniciativa, domínio das situações, mas parecem ter perdido inteiramente o senso comum, a capacidade de apreciar em perspectiva os horizontes existenciais, buscando definir de onde vieram e para onde vão.

Lembro a história de um homem que viajava em seu automóvel quando a direção começou a vibrar. Parou. Após exame, constatou que, por terem sido mal apertadas, as porcas que prendiam uma das rodas haviam se perdido.

- E agora? - perguntava-se. - Como fixar a roda?

Ao lado da rodovia erguia-se um manicômio. Um doente, que observava por uma abertura gradeada no muro alto, sugeriu:

- Tire uma porca de cada uma das outras rodas. Assim fixará a que está solta e poderá chegar à oficina.

O motorista, encantado com aquela solução prática que jamais lhe ocorreria, fitou, perplexo, o doente. Este comentou:

- Certamente está imaginando como pode um

louco ter ideia tão inteligente. É simples: sou louco, mas não sou burro.

Assim ocorre com muitos indivíduos. Não são *burros*, mas, alienados dos valores espirituais, marcam passo na jornada evolutiva, envolvendo-se em comportamento contraditório e comprometedor.

* * *

Nós, espíritas, costumamos debitar nossas *derrapagens* à pressão das sombras. Dir-se-ia que há um componente espiritual nos desvarios humanos.

Imperioso, entretanto, reconhecer que não é essa influência que nos faz perder o domínio de nós mesmos. É por perdermos o domínio de nós mesmos que nos submetemos a ela.

Quando o espírita envolve-se num *bate-boca*, descendo à agressividade, costuma-se dizer que está *dando comunicação*, médium de entidades menos felizes.

É possível. Não se trata, porém, de simples ocorrência mediúnica. É muito mais uma manifestação anímica, isto é, um destempero de seu deseducado espírito.

* * *

Como superar a alienação? Como conquistar a posse de nós mesmos?

Há muitos caminhos, envolvendo recursos filosóficos, psicanalíticos, psicológicos, religiosos...

Seria ocioso divagar a respeito, porque mais importante do que o caminho é o caminhar. Aquele que está tentando acabará por encontrar rumo certo, enquanto permanecem em seus descaminhos os indiferentes e acomodados.

Para quem se dispõe a andar, a sugestão de um amigo espiritual:

Diariamente, em horário que julgar oportuno, leia um trecho de *O Evangelho Segundo o Espiritismo*.

Em seguida, durante quinze minutos, entregue-se à meditação, procurando estabelecer comparação entre o que leu e o que faz, com o propósito de renovação.

Quanto maior nosso empenho por estabelecer proximidade entre o que fazemos e o que o Cristo espera de nós, mais perto estaremos de atingir as metas de perfeição que nos compete atingir, realizando-nos como filhos de Deus.

O PORQUÊ DA REENCARNAÇÃO

Têm necessidade de encarnação os Espíritos que, desde o princípio, seguiram o caminho do bem?

Todos são criados simples e ignorantes e se instruem nas lutas e tribulações da vida corporal. Deus, que é justo, não podia fazer felizes a uns, sem fadigas e trabalhos, conseguintemente sem mérito.

Questão 133

O velho ditado, *misturar alhos com bugalhos*, ocorre-nos em relação às palavras motivo e objetivo. Há quem as confunda.

No entanto, são palavras de significados bem distintos.

Objetivo é a meta que se pretende atingir.

Motivo é a causa determinante de uma iniciativa.

Um homem é internado no hospital.

Motivo: úlcera gástrica perfurada.

Objetivo: operação de emergência para estancar a hemorragia.

Outro é confinado na penitenciária.

Motivo: matou alguém.

Objetivo: resgate de seu débito com a sociedade.

* * *

Qual o objetivo da reencarnação?

Ponto pacífico entre os adeptos desse princípio: evolução. Revestimo-nos do pesado manto de carne com a finalidade específica de evoluir.

Divergências surgem quando se cogita do motivo.

Por que entramos no círculo das vidas sucessivas?

Há quem defenda que a existência em mundos de matéria densa como a Terra seria um castigo, uma consequência de desastradas experiências na espiritualidade.

Segundo essa linha de raciocínio, poderíamos evoluir nos planos etéreos, sem as complicações da existência carnal.

É que em determinado momento deixamos que se desenvolvesse em nós um monoideísmo egocêntrico, uma personalidade essencialmente egoística, a gerar um impasse evolutivo, situando-nos em indesejável desvio.

A sequência de encarnações em mundos como a Terra funcionaria como cadinho purificador, livrando-nos do egoísmo e dos sentimentos que lhe são consequentes.

Temos aí uma variante para a alegoria do paraíso perdido.

Perdemos a situação de bem-aventurança no além, confinados no purgatório terrestre.

Alunos rebeldes de escola risonha transferidos para o reformatório.

* * *

Segundo a Doutrina Espírita não é bem assim.

Não estamos aqui em virtude de estrepolias cometidas na Espiritualidade, mesmo porque não viveremos lá em definitivo enquanto não atingirmos um estágio compatível de pureza e perfeição.

O egoísmo, esta vocação de pensarmos muito em nós mesmos, não é fruto da rebeldia. Exprime apenas uma condição evolutiva, própria do estágio em que nos encontramos.

A semente exaure o solo, extraindo-lhe os elementos nutritivos para garantir a própria sobrevivência. É voraz neste particular. Mais tarde, árvore feita, habilitar-se-á a produzir frutos.

O mesmo ocorre com o Espírito. Nos primórdios da consciência, ignorante das leis divinas, o egoísmo lhe é instintivo. Por algum tempo será seu estímulo, sua iniciativa, sua defesa, sua maneira de ser.

O Espírito Humano está atingindo o limiar da transformação fundamental - de receptor para doador.

Já não somos primitivos, orientados pelo instinto, como a semente que suga o solo ou o animal que mata uma presa.

Suficientemente desenvolvidos mentalmente, com noções do Bem e do Mal, imperioso se faz que superemos o egoísmo, habilitando-nos a produzir frutos em favor da harmonia universal.

Estímulo e apoio no pretérito, hoje ele retarda nossa jornada, como um barco que nos sustenta enquanto atravessamos o rio, mas só nos atrasará se pretendermos arrastá-lo na planície.

Assim, o grande desafio a que somos convocados, no atual estágio evolutivo, é passar do egoísmo ao altruísmo, da vocação de pensarmos muito em nós mesmos para o ideal de algo fazermos em favor do semelhante.

* * *

Nos caminhos evolutivos obviamente cometemos enganos. Imaturos, comportamo-nos como a criança que inicia os primeiros passos. Cai frequentemente, até que adquira estabilidade nas pernas e coordenação motora.

Então, o erro faz parte de nosso aprendizado, até que à custa dos *tombos*, tanto mais dolorosos quanto maior o nosso *peso* evolutivo, a exprimir estados mais avançados de consciência, habilitemo-nos a caminhar com segurança.

Há quem defenda a existência de Espíritos que evoluem em linha reta, sem jamais se comprometerem com o egoísmo e, portanto, livres da encarnação.

Jesus seria o protótipo.

Não obstante o respeito que votamos ao mestre nazareno, a mais alta expressão da Humanidade, situado pela Doutrina Espírita como o ser mais evoluído que por aqui transitou, seria absurdo que Deus o criasse diferente, com algo que falta às demais criaturas, isentando-o do egocentrismo que marca as inteligências embrionárias.

Mais longe, neste particular, foram os teólogos que viram nele a própria encarnação de Deus.

Para o Espiritismo Jesus é nosso irmão. Distingue-se pelo fato de ter atingido um patamar evolutivo que o habilita à condição de preposto de Deus, responsável pelos Espíritos que evoluem na Terra, como revela Emmanuel, no livro *A Caminho da Luz*, psicografia de Francisco Cândido Xavier.

Somos o que Jesus foi.

Seremos o que Jesus é.

* * *

Oportuno enfatizar que podemos acelerar nossa evolução, superar mais rapidamente as limitações humanas, livrarmo-nos da *morte*, representada pelo imperativo da reencarnação, desde que haja um empenho neste particular.

Isso tudo, notoriamente, está subordinado à maturidade. Quanto mais experiente e vivido, mais consciente estará o Espírito quanto à necessidade de caminhar.

Forçoso reconhecer, porém, que não somos simples frutos, que caem de maduros. Dotados de racionalidade e livre-arbítrio, a capacidade de pensar e escolher, podemos estacionar ou nos transviar. Depende de nós.

Conheço médicos competentes que sabem, à saciedade, dos problemas circulatórios e pulmonares gerados pelo fumo. Não obstante, fumam.

Pessoas cultas e sensíveis, dotadas de inteligência privilegiada, obtêm sucesso em qualquer iniciativa. Entretanto, surpreendentemente, alheiam-se aos valores espirituais, prendendo-se ao imediatismo terrestre.

A vida costuma detonar explosões que atuam como demolidores da inconsequência, despertando o indivíduo para as graves questões existenciais, relacionadas com o destino humano - a morte de um familiar, a desilusão amorosa, a doença grave, o conflito familiar, o problema financeiro.

O Espiritismo desperta-nos mais brandamente, a partir de uma ampla visão das realidades além-túmulo, conscientizando-nos de tal forma quanto às finalidades da existência que dificilmente nos abeberamos de seus princípios sem experimentar incontido desejo de acertar o passo nas estradas da renovação e do autoaprimoramento, como alguém que, transitando por inóspito deserto, em noite escura, contemplasse ao longe as luzes de oásis promissor.

SOBRETUDO CONSOLADOR

O Espírito se encontra imediatamente com os que conheceu na Terra e que morreram antes dele?

Sim, conforme a afeição que lhes votava e a que eles lhe consagravam. Muitas vezes aqueles seus conhecidos o vêm receber à entrada do mundo dos Espíritos e o ajudam a desligar-se das faixas da matéria. (....)

Questão 160

Segundo o capítulo XIV do Evangelho de João, Jesus esteve reunido com os discípulos, na chamada última ceia, às vésperas do drama do calvário.

Dentre os assuntos abordados pelo Mestre, nesse derradeiro contato com os discípulos, estava a revelação de que mais tarde enviaria um Consolador, um Espírito de Verdade que, segundo o texto, ensinaria todas as coisas e faria os homens recordarem suas lições.

Em *O Evangelho Segundo o Espiritismo*, capítulo VI, Allan Kardec refere-se a essa passagem evangélica para situar o Espiritismo como o Consolador, cumprindo duas previsões de Jesus:

Primeira: Restaura a pureza primitiva dos ensinamentos cristãos, que foram negligenciados e deturpados na sua essência, na medida em que o movimento se institucionalizou, gerando o profissionalismo religioso e adotando práticas ritualísticas retiradas do paganismo com o propósito de atrair a multidão. Sem exterioridades e sem oficiantes, o Espiritismo revive a mística do *amai-vos uns aos outros*, reinstituindo o culto à fraternidade como o melhor recurso para nos ligarmos a Deus.

Segunda: Desenvolve novos conhecimentos que valorizam a moral evangélica, confirmando-lhe a essência, enfeixados em três ângulos que se completam: Ciência, Filosofia e Religião. Com essa tríade perfeita deciframos os enigmas do sofrimento humano, suas razões e finalidades; vemos desdobrarem-se maravilhosas visões do Plano Espiritual, da continuidade da existência; conscientizamo-nos de nossas responsabilidades ante o conhecimento de leis imutáveis que regem nossa evolução: Causa e Efeito, Reencarnação, Mediunidade...

Mas onde a Doutrina Espírita é mais consoladora está na demonstração inequívoca de que as ligações afetivas não se interrompem com a morte, nem estão nossos amados separados por barreiras intransponíveis. Eles nos veem, acompanham-nos, ajudam-nos. Torcem por nós, sofrem conosco, esperam por nós e, finalmente, nos amparam quando soa nossa hora.

* * *

Francisco Cândido Xavier personifica em seu trabalho sublime o tríplice aspecto da Doutrina Espírita:

É Ciência, em livros como o monumental *Parnaso de Além Túmulo*, em que dezenas de poetas desencarnados identificam-se em versos nos quais ressumbra seu estilo marcante e inconfundível. E cantam as glórias da vida, além das fronteiras da morte, confirmando a existência de uma ponte mediúnica entre o plano físico e o espiritual.

É Filosofia, em livros como a série *Nosso Lar*, em que o Espírito André Luiz, pseudônimo de famoso médico brasileiro, faz minucioso relato do continente extrafísico, com a objetividade de quem conta o que viu, pondo abaixo o precário edifício de milenárias especulações.

É Religião, em livros como *Fonte Viva*, *Pão Nosso*, *Caminho, Verdade e Vida*, *Vinha de Luz*, nos quais o Espírito Emmanuel, qual se usasse poderoso microscópio literário, examina a intimidade dos versículos evangélicos, ressaltando recônditas belezas.

Mas, assim como ocorre com a própria Doutrina Espírita, Chico é mais Chico na consolação. São milhares de Espíritos que se manifestam pela sua psicografia, dirigindo-se a aflitos familiares, oferecendo-lhes conforto e coragem para enfrentarem as dores da separação.

Lutando contra suas imperfeições, empenhado em identificar-se aos postulados cristãos, o apóstolo Paulo proclamava, conforme está na Epístola aos Gálatas:

Já não sou eu quem vive, mas o Cristo que vive em mim.

Era como se Jesus estivesse vivendo a sua vida. Com isso Paulo situava-se como a própria personificação do Cristianismo.

Da mesma forma diríamos que Chico Xavier personifica a consolação prometida pelo Cristo, a realizar-se na Doutrina Espírita.

O trabalho do médium como arauto do Espiritismo, no desdobramento de novos conhecimentos relacionados com a vida espiritual, provavelmente encerrou-se quando ele deixou a cidade mineira de Pedro Leopoldo.

Mas o Consolador, presente em todos os livros que psicografou, nas milhares de mensagens que recebeu e receberá, far-se-á presente enquanto lhe restar alento, enquanto seus dedos puderem segurar um lápis, preciosos terminais de inigualável editor de textos que jorram do infinito.

* * *

Após o casamento, a inexperiente dona de casa terá em sua mãezinha uma carinhosa instrutora, orientando-a na organização do lar, nos cuidados da casa...

Quando vier o primeiro filho, ela será presença benfazeja, socorrendo-a em sua insegurança diante do pequenino indefeso, num estágio de total dependência.

- Ah! Se não fosse a mamãe! - suspira - eu estaria perdida!

Assim será sempre. Aquele anjo tutelar achará tempo e disposição para estar a seu lado nos momentos difíceis, nos problemas do dia a dia...

Chegará o tempo amargo em que, pela ordem natural, a genitora partirá para a Espiritualidade. Mas ficará o vínculo indelével. A filha valorizará, mais do que nunca, aquela presença amiga, aquela dedicação extremada, de que nem sempre se dera conta.

E quando soar a sua hora, quem gostaria de ver? Com quem gostaria de contar? Que presença lhe infundiria maior segurança?

A mãezinha, sem dúvida.

Esta a realidade consoladora desvelada pela Doutrina Espírita e demonstrada na psicografia de Chico Xavier: mães que recebem seus filhos. Se não estas, por motivos alheios à sua vontade, virão os pais, os avós, os tios, os amigos... Haverá sempre alguém ligado afetivamente ao desencarnante para ampará-lo na grande transição.

É pelo mesmo Chico que o Espírito Carlos Dias Fernandes nos fala dessa consoladora presença, em *Ternura Maternal*, poesia contida no livro *Antologia dos Imortais*, da Federação Espírita Brasileira:

I

As paredes da casa em vão procuro,
Quero dizer adeus e não consigo...
Vejo apenas o vulto amargo e amigo
Da morte que me estende o manto escuro.

Choro a estirar-me, trêmulo e inseguro,
O leito ensaia a pedra do jazigo...
Padeço, clamo e indago a sós comigo,
Qual pássaro que tomba contra um muro.

A névoa espessa enreda o corpo langue,
É o terrível crepúsculo de sangue
Que me tinge de sombra os olhos baços;

Mas surge alguém, no caos que me entontece,
É minha mãe, que alonga as mãos em prece,
Doce estrela brilhando nos meus braços!...

II

Ave que torna, em chaga, ao brando ninho,
Ouço divina música na sala.
É a sua voz celeste que me embala,
Motes do lar que tornam de mansinho.

Ergo-me agora... O corpo é o pelourinho
De que me desvencilho por beijá-la...
Mãe! Minha Mãe!... - *suspiro, erguendo a fala,*
A soluçar de júbilo e carinho.

- Dorme, filho querido! Dorme e sonha!...
Nossa velha canção terna e risonha
Regressa com beleza indefinida...

Tomo-lhe os braços em que me acrisolo
E durmo novamente no seu colo
Para acordar no berço de outra vida.

SILOGISMOS

Qual o fim objetivado com a reencarnação?

Expiação, melhoramento progressivo da Humanidade.

Sem isto, onde a justiça?

Questão 167

Silogismo é uma interessante forma de raciocínio. Divide-se em três partes que se completam:

Premissa maior, premissa menor e conclusão.

Exemplo:

A morte é o fim de todos os homens - premissa maior.

És homem - premissa menor.

Vais morrer um dia - conclusão.

Da conjunção de duas ideias que se harmonizam, o conceito concludente. Outro exemplo:

Todas as mulheres são vaidosas - premissa maior.

És mulher - premissa menor.

És vaidosa - conclusão.

Aqui o resultado não é aceitável. Mulher não é sinônimo de vaidade. O erro está na premissa maior, que encerra uma afirmativa gratuita.

Afinal, nem todas as mulheres são vaidosas.

Algumas não são...

Para que a conclusão exprima uma verdade, esta deve marcar presença também nas premissas.

* * *

Um silogismo teológico:

A justiça de Deus nunca falta na Terra - premissa maior.

Vivemos na Terra - premissa menor.

Não há injustiça em nenhuma situação humana - conclusão.

Resultado duvidoso para muita gente.

Como considerar justo um planeta onde convivem o gênio e o idiota, o atleta e o paralítico, o sábio e o obtuso, o milionário e o miserável, o santo e o facínora?

Bem, se a conclusão não é aceitável, reexaminam-se as premissas.

A primeira, envolvendo a existência de Deus e Sua justiça, é incontestável.

Para provar que Deus não existe temos pela frente uma missão impossível: justificar a existência do Universo sem Ele, algo como pretender que há efeito sem causa.

Duvidar de Sua justiça seria negar Sua perfeição, rebaixando-o à passionalidade antropomórfica de um Jeová, o instável deus do Velho Testamento.

Quanto à premissa menor, não há o que questionar, a não ser por lunáticos...

A dúvida a respeito desse silogismo envolve um equívoco na apreciação das conjunturas humanas.

Lembra a história daquele pregador protestante que foi advertido por seus superiores, porquanto alguém o acusara de bater em sua esposa, algo inconcebível num religioso.

O pastor surpreendeu-se. Ponderado e pacífico, jamais erguera um dedo contra alguém, muito menos contra sua mulher, por quem nutria especial carinho.

- Quem me denunciou?

- Um vizinho.

- Disse como foi?

- Ouviu sua esposa gritar, desesperada. Olhou por cima do muro e viu você correndo atrás dela, a bater-lhe.

Meu Deus! - pensou o pastor - *Como pode esse homem reportar-se a algo que não aconteceu? Está mentindo ou se enganou.*

Não havia justificativa para a primeira hipótese. O vizinho não era má pessoa. Não havia inimizade entre eles. Por que haveria de querer prejudicá-lo? Certamente houvera um engano.

- Quando aconteceu?

- Há uma semana.

O pastor sorriu. Lembrara-se.

Naquele dia estivera com a esposa no amplo jardim, nos fundos da casa. Ela cuidava das flores quando foi atacada por furiosas abelhas. Aterrorizada, correu, gritando de dor. Ele prontamente foi ao seu encalço, a brandir sobre ela um saco de estopa, com o propósito de afugentar os insetos.

O vizinho viu de longe e confundiu um ato de socorro com agressão.

É o que acontece com aqueles que apreciam a existência humana à distância das realidades espirituais, visão comprometida por brumas de ignorância.

Sem noção dos porquês, situam-se perplexos, supondo que Deus esteja a açoitar seus filhos, quando apenas os ajuda a eliminar ameaçadores ferrões gerados no viveiro de suas inferioridades.

* * *

Qual infalível instrumento ótico para a apreciação dos horizontes existenciais, a doutrina das vidas sucessivas evidencia que as situações presentes guardam relação com o que fizemos ou deixamos de fazer no pretérito, impondo-se como preciosos instrumentos de regeneração.

Ainda que não tenhamos lembrança das causas passadas, geradoras dos males presentes, estes imprimem, na intimidade de nossa consciência, registros que funcionam como *vacinas* contra reincidências.

Um maneta não sabe que as atitudes violentas no pretérito *roubaram-lhe* a mão que lhe falta hoje, mas a experiência o ajudará a conter a própria agressividade. Intuitivamente, perceberá que ela lhe faz mal.

* * *

Para uma apreciação racional da ideia reencarnacionista é indispensável superar o conceito estático que a define como mero recurso expiatório - o carma da filosofia hindu. Isto pode gerar indesejável apatia.

- É o meu carma - diz o indivíduo que vive de esmolas, acostumando-se à indigência; ou o doente que se situa em existência vegetativa, acomodando-se à imobilidade.

Temos aqui a paralisia da vontade, alimentada por indébita convicção de que *tem que ser assim*.

Reencarnação não é sinônimo de expiação, e ainda que dotada de um componente expiatório, tem por objetivo fundamental o *melhoramento progressivo da Humanidade*, o que sugere uma atitude dinâmica, uma ação consciente em favor do desenvolvimento de nossas potencialidades criadoras, edificando o bem onde estivermos.

Em qualquer situação, por mais castradora se nos afigure, sempre há o que fazer para um futuro melhor. Nesse propósito, se cultivarmos um pouquinho de amor, pondo nossa alma nas iniciativas mais nobres, realizaremos prodígios.

Mãos e pés pregados na cruz, aparentemente não havia nada mais que Jesus pudesse fazer...

Ainda assim, confortou um condenado, providenciou amparo para sua mãe e intercedeu em benefício da multidão desvairada, pedindo a Deus perdoasse a todos, porquanto não sabiam o que estavam fazendo.

O mestre destacava uma vez mais, mesmo em circunstâncias tão adversas, o silogismo que lhe marcou o apostolado:

Premissa maior:

Deus é Amor.

Premissa menor:

Fomos criados à imagem e semelhança de Deus.

Conclusão:

Somente o amor nos realiza como Seus filhos.

SOLUÇÃO SIMPLISTA

Em que se funda o dogma da reencarnação?

Na justiça de Deus e na revelação, pois incessantemente repetimos: o bom pai deixa sempre aberta a seus filhos uma porta para o arrependimento...

Questão 171

A escalada da violência no Brasil revive a ideia de introduzir a pena de morte em nossa legislação.

Sobrepondo-se ao debate em torno do assunto, grupos de extermínio, à margem da legalidade, executam indiscriminadamente supostos marginais que caem em suas mãos, autodenominando-se *justiceiros*. Essa expressão soa como macabra ironia, já que o mais elementar princípio de justiça impõe que qualquer penalidade seja precedida de julgamento, com apuração de responsabilidade e direito de defesa.

Sem esse cuidado, transformaremos nossas cidades em arremedos dos filmes de *far-west*. Ali a balança da justiça era substituída pelo arbítrio dos pistoleiros.

* * *

Tradicionalmente a população brasileira está ligada a movimentos religiosos inspirados no Cristianismo, que condena a violência. Para Jesus, o delinquente é um doente moral. Precisa de tratamento. Entretanto, generaliza-se em nosso país a crença de que o ideal é exterminar esses *monstros*.

Ante as crescentes tensões geradas pela violência urbana, multidões desvairadas promovem sumários linchamentos, com requintes de crueldade. Nivelam-se em selvageria criminosos e pretensos defensores da ordem e da justiça.

* * *

Concebe-se que executar criminosos, em cumprimento da lei ou à margem dela, inibe a criminalidade.

Estamos diante de um argumento simplista, que não leva em consideração o fato de que nenhum delinquente cogita da possibilidade de ser punido. Se o fizesse, jamais se envolveria com a delinquência. Por isso não lhe pesa nada saber que suas iniciativas possam resultar na prisão por alguns anos ou na própria morte.

Isso explica por que não houve redução de criminalidade em países onde foi instituída a pena de morte, esta aberração jurídica, que contraria um direito fundamental da criatura humana, presente na Constituição de qualquer país civilizado: o direito à vida.

Imperioso reconhecer que sua adoção é um atestado de incompetência da sociedade, que pretende eliminar um de seus membros que se marginalizou por culpa dela própria, por não prepará-lo convenientemente para a convivência social, nem ajudá-lo em suas limitações ou atendê-lo em suas necessidades.

* * *

Nas questões 760 a 765, de *O Livro dos Espíritos*, há um posicionamento contrário à pena de morte, o que significa que ninguém pode dizer-se espírita manifestando-se favorável a ela, da mesma forma que o católico não pode negar a eucaristia ou o protestante contestar a Bíblia.

Não obstante o caráter dinâmico e progressista da Doutrina Espírita e a liberdade de consciência que nos faculta, há princípios básicos como a Mediunidade, a Reencarnação, a Lei de Causa e Efeito, a existência de Deus, que se situam inamovíveis.

São dogmas espíritas, não no sentido religioso - princípio indiscutível, mas no sentido filosófico - algo que se pode afirmar verdadeiro com apoio da lógica; ou científico - que se comprova pela experimentação.

O dogma da existência de Deus, por exemplo, é facilmente comprovado pelo axioma *não há efeito sem causa.*

Se o Universo é um efeito inteligente, forçosamente tem uma causa inteligente, um Criador, que transcende as acanhadas possibilidades humanas.

Da mesma forma podemos dogmatizar contrariamente à pena de morte, a partir da concepção reencarnacionista como um processo educativo em favor da evolução do Espírito.

Em face de sua imaturidade ou por rebeldia, ele pode refugar as lições da existência humana e até mesmo comprometer-se no crime.

A condenação à morte, em tal circunstância, equivale à expulsão da escola, decretada por outros alunos, que não detêm a sabedoria e a competência da direção da escola, formada por mentores espirituais que orientam o planeta.

Mas teria ocorrido realmente essa eliminação?

Sabemos que não. A execução do criminoso nada mais faz senão torná-lo invisível.

Catapultado para o Plano Espiritual, a partir de uma cadeira elétrica, de uma câmara de gás, de pelotão de fuzilamento, ou de sumário linchamento, ele se situa, além-túmulo, na condição traumática de um acidentado.

Sua readaptação será demorada, difícil, marcada por um período de inconsciência e um despertar tormentoso. Ressentido contra a sociedade que lhe roubou o corpo, poderá, não raro, intentar o revide contra seus condenadores, amparados pela legalidade - os juízes - ou ocultos na ilegalidade - os linchadores e justiceiros. Estes últimos, por se sobreporem à Lei e pela truculência de suas iniciativas, situam-se no mesmo nível vibratório e dificilmente permanecerão incólumes, ante sua pressão desajustante.

Além disso, obedecendo a iniciativas próprias ou à inspiração de gênios das sombras, ele gravitará em torno de pessoas que guardam as mesmas tendências, justificando comentários assim:

- Não sei o que aconteceu comigo. Senti um impulso irresistível de agir daquela forma e acabei cometendo desatinos.

Embora não possamos debitar às influências espirituais a agressividade humana, ela é perigosamente fermentada, cresce muito em face desse envolvimento.

Melhor, portanto, lidar com o criminoso vivo,

visível, vulnerável, segregado em instituições de reeducação, do que enfrentá-lo *morto*, invisível, inatingível no ódio e no rancor, a fomentar a desordem.

* * *

O assunto pede reflexões mais profundas.

Ninguém ignora que a criminalidade está diretamente relacionada com as condições de vida de uma sociedade. Quanto mais elevado o nível de desemprego e de pessoas sem condições mínima de subsistência, maior a sua incidência.

Quando o estômago grita, o instinto de conservação fala mais alto, sobrepondo-se a disciplinas morais, salvo em Espíritos amadurecidos e conscientes, uma minoria em nosso planeta.

Inútil, portanto, cogitar de leis mais severas, de prisões mais amplas, de efetivos policiais mais numerosos, paliativos que apenas minimizam efeitos.

Imperioso que nos mobilizemos, socorrendo a população carente, sem esperar por iniciativas governamentais. Enquanto não chegam os bombeiros, urge evitar que o incêndio se alastre.

Em nosso próprio beneficio, é preciso demonstrar a esses irmãos em humanidade que sua tragédia existencial não está sendo negligenciada; que há pessoas empenhadas em ajudá-los, em atendê-los em suas necessidades prementes...

Uma casa de sopa num bairro humilde, com singelas aulas de moral cristã, faz muito mais em favor da paz social do que a ação ostensiva de viaturas policiais. Estas apenas coíbem a violência; aquela evita que ela se instale na infância carente, que ali conhece os valores da fraternidade, recebendo um pouco de calor humano, de amor...

Uma criança que aprende a importância de fazer ao semelhante o bem que desejaria receber - a fórmula ideal de amar, na sábia orientação de Jesus - dificilmente se envolverá com o crime na solução de seus problemas.

Mas só há uma forma de ensinar esse amor: amando!

CONTATOS IMEDIATOS

Os seres que habitam os diferentes mundos têm corpos semelhantes aos nossos?

É fora de dúvida que têm corpos, porque o Espírito precisa estar revestido de matéria para atuar sobre a matéria. Esse envoltório, porém, é mais ou menos material, conforme o grau de pureza a que chegaram os Espíritos. É isso o que assinala a diferença entre os mundos que temos de percorrer, porquanto muitas moradas há na casa de nosso Pai, sendo, conseguintemente, de muitos graus essas moradas (....)

Questão 181

Em minhas fantasias de adolescente sempre alimentei o desejo de um contato imediato de terceiro grau, o encontro entre homens da Terra e seres de outros mundos.

Influenciado por tendências da ficção científica, imaginava-os monstruosos e mal intencionados.

Com o tempo aprendi que, embora de morfologia diferente, compatível com o meio em que vivem, os alienígenas não seriam necessariamente assustadores. Como o demonstra a própria espécie humana, a evolução anímica implica um aprimoramento da estrutura física, observados padrões de proporcionalidade, estética e funcionalidade, que são universais.

Quanto às suas intenções, nunca seriam belicosas. Se suficientemente inteligentes para desenvolver requintes de tecnologia que os habilitem a incursionar pelo cosmos, impossível não terem definido e assimilado plenamente as leis divinas que regem a evolução moral dos filhos de Deus. Dispondo-se a cumpri-las, por mero exercício de bom senso que caracteriza as inteligências amadurecidas, jamais agiriam com agressividade.

* * *

Raciocino em torno de conjecturas, porquanto, embora possível, é improvável a presença de alienígenas pilotando naves espaciais, como os decantados discos voadores.

Considere-se, em princípio, que está sobejamente demonstrada a impossibilidade de vida material em nosso sistema solar. Os planetas Vênus e Mercúrio são muito quentes; os demais, muito frios.

Marte, que seria uma exceção, foi exaustivamente pesquisado pelas sondas espaciais norte-americanas, da série Mariner, constatando-se sua esterilidade.

Ressalte-se que esse planeta, como os demais de nosso sistema e os incontáveis mundos que pululam no Universo, são habitados por comunidades *espirituais*, atendendo a imperativos evolutivos. Onde haja possibilidade e necessidade, à semelhança da Terra, funciona a reencarnação, ensejando experiências em corpos de matéria densa.

* * *

Bem, se reais, não viriam os discos voadores de outros sistemas planetários?

Aqui, entre incontáveis dificuldades, uma crucial: a distância.

A estrela que se situa mais perto da Terra é *Próxima Centauro*. Está a 41 trilhões de quilômetros. A nave espacial Apolo, que levou os primeiros astronautas à Lua, viajando à velocidade de 40 mil quilômetros horários, levaria perto de cento e vinte mil anos para percorrer essa distância.

Suponhamos que habitantes de imaginário planeta, na órbita daquela estrela, construíssem engenhos capazes de desenvolver a rapidez vertiginosa da luz, que é a velocidade limite do Universo, segundo Einstein (300 mil quilômetros por segundo). Ainda assim demandariam 4,3 anos para chegar à Terra. Um estágio aqui, mais o tempo de retorno, totalizaria aproximadamente 10 anos.

Mesmo que fossem superados os problemas decorrentes de tão longa permanência na nave, ainda há a perturbadora questão do tempo. É que, segundo o mesmo Einstein, ele fluirá mais lentamente na nave espacial. É como se os viajantes entrassem numa prodigiosa máquina, capaz de projetá-los num futuro remoto. Fácil perceber os transtornos que isso ocasionaria, principalmente em relação a familiares e amigos.

No filme *O Planeta dos Macacos*, baseado em romance de Pierre Boule, enfoca-se essa contingência. Uma nave espacial norte-americana atinge a velocidade da luz. Um acidente a projeta num planeta desconhecido. O astronauta, vivido por Charlton Heston, vê-se às voltas com grotescos macacos inteligentes. Ao final descobre, estarrecido, que simplesmente voltara à Terra, centenas de anos adiante de seu tempo. Nesse ínterim, após devastadora guerra atômica, uma mutação genética, provocada por elementos radioativos, dera origem aos estranhos sucessores da raça humana.

* * *

Não obstante a Ciência situar como remotíssimas as possibilidades de um contato imediato de terceiro grau, muita gente reporta-se a encontros dessa natureza.

O problema é que essas experiências são sempre nebulosas e ocultas. Não há nada de palpável, de objetivo, de real, como um aparelho acidentado, uma foto de curta distância, um objeto de uso pessoal do ET.

Esses *encontros* lembram o que aconteceu comigo há perto de 15 anos, em Bauru, quando esteve na livraria espírita um argentino, procurando por dirigentes da União Municipal Espírita. Informou que era relações públicas de seres extraterrestres, tripulantes de um disco voador, que desejavam conversar com os espíritas.

Pronto! Deixaram aberta a porta do hospício! - foi meu primeiro pensamento.

Mas o visitante não tinha aspecto de débil mental. Bem vestido e falante, exprimia-se em tradicional *portunhol*, uma mistura de português com espanhol, explicando que o interesse dos ETs era decorrente da afinidade de seus princípios com a Doutrina Espírita.

Fazia sentido. Se o Espiritismo enuncia leis divinas, de caráter universal, como Reencarnação, Mediunidade, Causa e Efeito, fatalmente coletividades mais evoluídas teriam pleno conhecimento delas.

Animei-me. Perguntei quando e onde seria o encontro.

Informou que seria naquela noite, por volta de uma da madrugada, em local distante da cidade.

Assustei-me. E se fosse armadilha de assaltante?

A curiosidade falou mais alto. Aceitei. Não obstante, adiantei que levaria alguns companheiros. Sentia-me mais seguro assim.

Com sua aquiescência foram engajados colegas do Banco do Brasil, todos espíritas. Nenhum deles, entretanto, levava jeito para guarda-costas. O Sidney, franzino; o Nelson, tão magro que seu apelido era *bacalhau*; o Fabinho justificava em rima o diminutivo: era baixinho.

A solução foi convocar o Lucas, outro colega, simpatizante do Espiritismo. Alto e forte, estava mais para *Rambo* do que funcionário de banco. Impunha respeito.

* * *

Por volta de meia-noite pegamos o argentino no hotel e, em dois automóveis, deixamos a cidade.

Mês de agosto, noite muito fria. Eu, gripado, tossia insistentemente. Mas, tudo bem - valia o sacrifício por ensejo do inusitado encontro.

Fomos em direção à cidade vizinha, Santa Cruz do Rio Pardo. Alguns quilômetros adiante, entramos por uma estrada de terra. Percorremos perto de 300 metros. O argentino mandou parar. Deixamos os automóveis e nos embrenhamos no mato. Nosso guia informou que já estava em contato mental com a nave. Apontou sinais luminosos no céu.

Não vi nada. Companheiros apontavam:

- Ali, ali...

Eu, nada.

O porta-voz dos ETs comunicou alteração nos planos. Não havia condições para a descida da nave ali. Era preciso continuar a caminhada. Percorremos mais algumas centenas de metros, entrando num cafezal...

Fiquei preocupado. Estávamos em propriedade alheia. Poderiam nos confundir com malfeitores. Seria difícil explicar a finalidade de nossa presença.

O argentino parou novamente. O encontro seria naquele local. Repetiu-se a cena anterior. Não vi nada. Companheiros viram. O disco não desceu.

Voltamos a caminhar. Tudo igual. O homem não desistia. Nem nós. Estávamos todos excitados, em ansiosa expectativa.

Assim passaram-se duas horas, de idas e vindas, caçadores de luzes tremeluzentes no céu. Até que, batendo os queixos de frio, segurei o Fabinho, enquanto os outros se afastavam e segredei-lhe:

- Somos um bando de patetas seguindo um abanado. Vamos voltar!

Ele concordou prontamente. Alcançamos o grupo. Informamos nossa decisão. O pessoal resolveu ficar. Voltamos os dois.

No dia seguinte soube que os intrépidos companheiros passaram a noite em andanças, até o raiar do sol, sem consumar o encontro. Mas o argentino queria tentar novamente, afirmando que naquela noite não haveria problema.

Por uma dessas idiossincrasias do comportamento humano, mais misteriosas que os próprios discos voadores, repetiram a experiência. E foi mais uma noite de andanças, até perceberem que o homem era doido mesmo.

* * *

Desde então, quando ouço falar em contatos imediatos de terceiro grau, pergunto-me se não seriam meras alucinações visuais e auditivas.

Ressalte-se que há possibilidade de manifestações mediúnicas envolvendo Espíritos desencarnados, habitantes de outros planetas. Em estágios avançados de evolução não há para eles barreiras relacionadas com espaço e tempo. Locomovem-se com a velocidade do pensamento. O próprio Kardec relata contatos mediúnicos dessa natureza.

Mesmo assim é preciso cuidado na apreciação dessas experiências, principalmente quando relatadas por curiosos que se propõem a evocar extraterrestres em locais ermos, sem nenhum conhecimento a respeito do intercâmbio com o além, sem compreender que há mistificadores desencarnados dispostos a alimentar nossas fantasias.

ESPIRITEIROS

A possibilidade de se melhorarem noutra existência não será de molde a fazer que certas pessoas perseverem no mau caminho, dominadas pela ideia de que poderão corrigir-se mais tarde?

Aquele que assim pensa em nada crê e a ideia de um castigo eterno não o refrearia mais do que qualquer outra, porque sua razão a repele, e semelhante ideia induz à incredulidade a respeito de tudo, Se unicamente meios racionais se tivessem empregado para guiar os homens, não haveria tantos cépticos. De fato, um Espírito imperfeito poderá, durante a vida corporal, pensar como dizes; mas, liberto que se veja da matéria, pensará de outro modo, pois logo verificará que fez cálculo errado e, então, sentimento oposto a esse trará ele para sua nova existência. É assim que se efetua o progresso e essa a razão porque, na Terra, os homens são desigualmente adiantados (....)

Questão 195

Não encontraremos no dicionário a expressão *espiriteiro*.

Podemos situá-la como um neologismo (palavra nova) para definir pessoas que se ligam ao Centro Espírita desligadas das finalidades do Espiritismo.

Espiriteiro é o *papa-passes*, que comparece às reuniões apenas para receber sua *hóstia* depuradora, representada pela transfusão magnética.

Frequentador assíduo de *consultórios do Além,* grupos mediúnicos que se formam apenas para receber favores espirituais, não consegue compreender que o Espiritismo não é mero salva-vidas para acidentes existenciais nascidos de sua própria invigilância.

Refratário a qualquer compromisso que imponha disciplinas de horário e assiduidade, alega absoluta falta de tempo, sem atentar a um princípio elementar: tempo é uma questão de preferência.

Kardec fala dos espiriteiros, em *O Evangelho Segundo o Espiritismo*, no capítulo XVII:

Nalguns, ainda, muito tenazes são os laços da matéria para permitirem que o Espírito se desprenda das coisas da Terra; a névoa que os envolve tira-lhes a visão do infinito, donde resulta não romperem facilmente com os seus pendores, nem com seus hábitos, não percebendo haja qualquer coisa melhor do que aquilo de que são dotados.

Têm a crença nos Espíritos como um simples fato, mas que nada ou bem pouco lhes modifica as tendências instintivas. Numa palavra: não divisam mais do que um raio de luz, insuficiente para guiá-los e a lhes facultar uma vigorosa aspiração, capaz de lhes sobrepujar as inclinações.

Atêm-se mais aos fenômenos do que à moral, que se lhes afigura cediça e monótona.

Pedem aos Espíritos que incessantemente os iniciem em novos mistérios, sem procurar saber se já se tornaram dignos de penetrar os arcanos do Criador.

Esses são os espíritas imperfeitos, alguns dos quais ficam a meio caminho ou se afastam de seus irmãos em crença, porque recuam ante a obrigação de se reformarem, ou então guardam as suas simpatias para os que lhes compartilham das fraquezas e das prevenções.

Tive um amigo espiriteiro, um *bon vivant*, dado a aventuras extraconjugais e viciações. Embalado pelo comodismo, surdo e cego aos princípios espíritas que dizia esposar, justificava sua posição:

- Temos milênios pela frente nos domínios da eternidade. Retornaremos incontáveis vezes ao educandário terrestre. Por isso não há pressa. O que não fizer hoje, faço amanhã. Além do mais, ninguém é de ferro. Disciplina demais é tirania do cérebro sobre o coração. Como ensinava Jesus, *o Espírito é forte, mas a carne é fraca*. Homem que sou, não posso furtar-me às contingências do mundo.

Incrível! Uma observação tão séria de Jesus, em circunstância dramática, é vulgarizada, com inversão de seu significado para justificar os desatinos de um espiriteiro!

Textualmente, segundo Marcos (14:38), diz Jesus:

Vigiai e orai para que não entreis em tentação.

O Espírito, na verdade, está pronto, mas a carne é fraca.

O Mestre fez esta advertência no Horto, antes de ser entregue por Judas aos soldados romanos. Em plena madrugada recomendava aos discípulos que o ajudassem na vigília, buscando, em oração, a proteção divina para os testemunhos que viriam.

Embora a fraqueza da carne representasse naquele momento o sono que insistia em apossar-se dos discípulos, ficou o simbolismo vigoroso quanto à necessidade de vigiarmos nossos pensamentos, a fim de não nos deixarmos dominar por impulsos incompatíveis com os princípios religiosos que esposamos.

O grande recurso, nesse propósito, é a oração, evocando as forças do Céu, no empenho por mantermos nossa integridade moral.

O reconhecimento, pois, de que a *carne é fraca*, deve ser, à luz dos ensinamentos evangélicos, uma advertência; jamais uma justificativa para deslizes de comportamento.

* * *

A intenção de transferir para um futuro remoto nossas realizações espirituais, como pretendia nosso amigo espiriteiro, é algo um tanto irracional, porquanto o contato com a verdade implica compromisso com ela.

É até compreensível que alguém se recuse a levar a sério a ideia de que há penas e castigos eternos para os que não se ajustam a determinados princípios religiosos. Quando aprendemos a raciocinar, escasseia espaço em nosso cérebro para a fantasia.

O mesmo não ocorre com a ideia da reencarnação, que se exprime na lógica, dando-nos conhecimento dos porquês da existência humana, quando somos convocados ao desenvolvimento de nossas potencialidades criadoras, superando mazelas e imperfeições.

Sobretudo, ficamos sabendo que a Dor, a grande mestra, tende a acentuar sua energia na proporção em que, tomando conhecimento do que nos compete, deixamos de fazê-lo.

* * *

Abeberando-nos do conhecimento espírita, não haverá justificativa para a omissão. Partindo da afirmativa evangélica de que muito será pedido ao que muito recebe, concluímos que nós, espíritas, estaremos sempre em débito com a Doutrina, porquanto o empenho de uma vida será pouco, ante a gloriosa visão de realidade espiritual que ela desdobra aos nossos olhos.

Companheiros que se manifestam nos Centros Espíritas a que estiveram vinculados, reportam-se a esse problema.

Não tiveram dificuldade em reconhecer sua nova condição, bafejados pelo conhecimento doutrinário.

Habilitam-se à proteção de benfeitores amorosos, ligados que estiveram a atividades no campo da fraternidade humana.

Reportam-se a indescritíveis emoções no reencontro com familiares queridos.

Mas, com frequência, revelam indefinível tristeza por não terem aproveitado integralmente as oportunidades recebidas.

Guardam a nostalgia do ideal espírita não realizado.

Embora as conquistas alcançadas como espíritas, não conseguem furtar-se à penosa impressão de que estiveram mais para espiriteiros...

NOS OLHOS DELA

Por que tão frequentemente a vida se interrompe na infância?

A curta duração da vida da criança pode representar, para o Espírito que a animava, o complemento de existência precedentemente interrompida antes do momento em que devera terminar, e sua morte, também não raro, constitui ***provação ou expiação para os pais****.*

Questão 199

Há reencarnações emergenciais.

O Espírito em situação crítica na Espiritualidade retorna para breve existência, como um enfermo em estado grave que é conduzido ao pronto-socorro.

O suicida, por exemplo, provoca tal destrambelho perispiritual e tão grande tormento em sua consciência, que a melhor solução pode ser o retorno à carne, em complemento da existência anterior.

Há quem suponha quantitativa essa complementação, como quem paga um débito de ordem temporal. Viveria sessenta anos; morreu aos cinquenta por mau uso da máquina física: deve dez.

E quem tem fôlego para oitenta anos e se mata aos vinte? Deve sessenta? E se repetir a dose, na existência complementar de sessenta? Totalizará cem anos em seu passivo?

Tanto mais estranha é essa ideia, quando se concebe que ninguém reencarna com data certa para retornar à Espiritualidade. O corpo humano tem uma programação para perto de cem anos. Dura menos em decorrência de diversos fatores relacionados com as condições de vida e, sobretudo, a maneira como vivemos.

Essa complementação seria, mais apropriadamente, subordinativa. A situação em que estará o Espírito na nova existência guardará correspondência com a maneira como viveu na pretérita e, particularmente, como morreu.

O suicida será duplamente beneficiado:

Por um lado, o choque biológico do renascimento implicará no esquecimento do passado, permitindo-lhe reordenar suas experiências, no propósito de superar graves traumas relacionados com seu gesto de fuga.

Por outro, a carne funcionará como escoadouro

dos desajustes decorrentes da agressão que cometeu contra si mesmo, entranhados em seu perispírito.

Exatamente por isso terá existência breve, porquanto o corpo físico não resistirá por muito tempo às pressões de seu psiquismo conturbado que, inclusive, impor-lhe-á limitações na gênese orgânica.

* * *

A morte de crianças está associada, também, a problemas cármicos, envolvendo o desencarnante e seus genitores.

O trauma da separação, particularmente quando ocorre em circunstâncias trágicas, impõe, às personagens desses dramas, angústias semelhantes às que impuseram às suas vítimas, quando comprometidas em comportamento criminoso.

É incontável o número de crianças vitimadas por atos terroristas, guerras, negligência, imprudência, omissão. Os responsáveis enlutam lares, semeiam sofrimento, levam corações ao desespero.

Passam, pois, por experiências semelhantes, na condição de filhos que desencarnam prematuramente ou de pais que os veem partir, sofrendo os mesmos constrangimentos que provocaram, a fim de aprenderem a respeitar o próximo.

Revoltamo-nos contra aqueles que cometem

atrocidades, principalmente quando envolvem crianças, Deveríamos lamentá-los, porquanto semeiam espinhos que forçosamente colherão.

Por isso Jesus, que conhecia melhor do que ninguém os mecanismos da justiça divina, não evocou castigos celestes para aqueles que o crucificavam. Apenas rogou, em oração:

- Pai, perdoa-lhes. Não sabem o que fazem.

* * *

Há desencarnes prematuros que consagram experiências missionárias.

O Espírito reencarna com a missão específica de sensibilizar afetos caros ao seu coração, resgatando-os da indiferença e do acomodamento em relação aos objetivos da vida.

Enquanto na convivência amorosa, em seu breve estágio, fazem o encanto dos familiares, tangendo-lhes as fibras mais íntimas da afetividade. São crianças adoráveis - inteligentes, comunicativas, generosas...

Coroam sua missão com a própria morte.

Com elas vão as ilusões dos pais. A separação lhes é extremamente dolorosa, como se a existência houvesse perdido o significado.

Buscando caminhos de religiosidade, ávidos de

consolo, encontram promissoras oportunidades de edificação espiritual.

O desencarnado, que os acompanha e ampara, regozija-se.

O objetivo foi alcançado.

* * *

Há, também, muitos Espíritos que retornam à espiritualidade, em plena infância, por falta de recursos de subsistência.

Esta afirmativa pode ser chocante para quem imagina que tudo acontece por fatalidade divina.

Levada às últimas consequências, semelhante ideia nos isentaria de qualquer responsabilidade envolvendo a vida e a morte.

O doente morre à míngua de socorro. Vontade de Deus.

Transeuntes morrem num tiroteio. Vontade de Deus.

Dezenas de pessoas morrem num atentado terrorista. Vontade de Deus.

Milhares morrem numa guerra. Vontade de Deus.

E por que não dizer que o indivíduo que tenta o suicídio e a mulher que pretende abortar só conseguem seu objetivo porque é a vontade de Deus?

Nenhum desses crimes, nenhuma dessas mortes ocorre por iniciativa divina. São contingências geradas pela insensatez humana.

Deus quer que vivamos na Terra de forma produtiva, fazendo o melhor, aproveitando integralmente o tempo de vida que nos concede e as oportunidades de edificação. Se isso não acontece, não podemos debitar ao Criador o que é de nossa responsabilidade.

* * *

Na medida em que um país se desenvolve, aprimorando seus serviços de saúde, reduz-se drasticamente a mortalidade infantil.

Será que Deus premia os países ricos, preservando suas crianças?

Mais racional e justo é considerar que a vida situa-se como dom de Deus, mas a qualidade e duração da existência humana subordinam-se ao empenho do homem, criando condições para que as pessoas vivam mais e melhor.

Deus inspira o progresso, as revelações, as descobertas, o bem-estar humano, mas compete ao Homem agir como instrumento da Divindade para que isso tudo ocorra.

* * *

Não é da vontade de Deus que morram crianças na favela.

Excetuando-se as que partem atendendo a problemas cármicos, a vasta maioria morre porque Deus não encontra pessoas que se disponham a agir como instrumentos de sua vontade para socorrê-las.

A presença imanente de Deus faz-se sentir em todas as dimensões do Universo e em todas as manifestações de vida.

Tudo revela a existência de um ser soberano, infinitamente justo e misericordioso, que nos deu o dom de viver, reservando-nos gloriosa destinação.

Mas, se prestarmos atenção, superando milenárias tendências egoísticas que caracterizam a criatura humana em relação às dificuldades do próximo, perceberemos que Deus está presente também nos olhos tristes da criança carente, pedindo-nos que a ajudemos a viver.

INVERSÃO SEXUAL

Têm sexo os Espíritos?

Não como o entendeis, pois que os sexos dependem da organização. Há entre eles amor e simpatia, mas baseados na concordância dos sentimentos.

Em nova existência, pode o Espírito que animou o corpo de um homem animar o de uma mulher e vice-versa?

Decerto; são os mesmos os Espíritos que animam os homens e as mulheres.

Questões 200 e 201

Quando nasce a criança o médico imediatamente informa o sexo. Isto não exige sofisticação tecnológica nem talento investigativo: basta examinar os órgãos de reprodução.

Impossível adotar o mesmo critério para definir o sexo dos Espíritos. Eles não se reproduzem.

Não obstante, possuem sexo, observada a psicologia e não a morfologia. O Espírito *masculino* é aquele em que predominam as características de masculinidade. A mesma regra define o *feminino*.

Em elevados estágios evolutivos o Espírito alcança um perfeito equilíbrio entre o que de melhor podem oferecer os dois sexos. Daí a concepção mitológica do anjo, um ser assexuado que sintetiza as virtudes do homem e da mulher. Temos aqui uma realidade vestida com o manto da fantasia.

* * *

Reencarnando como mulher ou como homem, consoante contingências evolutivas, o Espírito desenvolve paulatinamente, em sua psicologia, a masculinidade e a feminilidade. No estágio humano sempre haverá predominância de uma delas, segundo suas próprias opções.

Portanto, não há masculinidade plena, nem plena feminilidade na Terra. Tanto a mulher tem algo de viril, quanto o homem de feminil.

Na reencarnação há o que se costuma definir como polarização (no sentido de atrair, concentrar), fazendo sobressair no indivíduo as características do sexo escolhido.

Imaginemos uma porcentagem. Um Espírito *masculino* teria 70% de masculinidade e 30% de feminilidade. Se reencarnar como mulher, estes 30% serão polarizados pelo arcabouço biológico do sexo escolhido, compatibilizando a psicologia com a morfologia. O mesmo ocorrerá com um Espírito *feminino* reencarnado como homem, com a polarização do componente de masculinidade que há em si.

* * *

Em circunstâncias especiais não se dá essa polarização, estabelecendo um confronto entre o sexo espiritual e o físico.

Isto pode ocorrer como uma opção do Espírito quando, em missão, pretenda dedicar-se a determinadas tarefas, optando por esta *anomalia* que inibirá seus impulsos de acasalamento.

Com uma psicologia que não se ajusta à morfologia, tenderá a sentir atração por indivíduos do mesmo sexo. Como sua consciência não lhe permitirá um envolvimento desse tipo, que sente contrário à Natureza, optará pela solidão afetiva, com o que passará a dedicar-se inteiramente às tarefas a que se propôs, desdobrando sacrifical existência.

Encontramos, na História, inúmeras personalidades de destaque nos domínios da Cultura, da Arte, da Filosofia, da Ciência, da Religião, que viveram essa contingência. Passaram incompreendidos, ridicularizados e caluniados por seus contemporâneos quanto à sua posição em relação ao sexo, mas, mantendo severas disciplinas de castidade, canalizaram suas forças genésicas para gloriosas realizações em favor da Humanidade.

* * *

A inversão resulta, também, de expiação, envolvendo Espíritos comprometidos em abusos sexuais.

Não raro, em face de suas imperfeições, na ânsia de realizar seus impulsos nos domínios da sexualidade, o indivíduo assim enquadrado resolve assumir suas tendências. E surge o travesti - o homem que simula ser mulher e vice-versa.

Certa feita conversei com bela jovem, loira, alta, de olhos verdes. Enfrentava sérios problemas afetivos e acabou confessando que era homem. Foi a primeira vez que vi de perto um legítimo travesti, uma psicologia feminina em morfologia masculina. Mulher em corpo de homem.

Atendendo minhas indagações, informou que desde menino sentia-se mulher. Isso o afligia muito na adolescência, ao despertar da sexualidade, quando só sentia atração por meninos. Na idade adulta resolveu vestir-se de mulher, mudando a identidade.

No entanto, era profundamente infeliz. Não

conseguia um relacionamento amoroso legítimo. Os homens aproximavam-se apenas para o embalo de aventuras sexuais.

É uma situação difícil. Além do mais, há preconceitos terríveis contra o travesti. Execrado e anatematizado, é vítima de gozações e anedotário vulgar. Se vinculado a atividades artísticas, situam-no como personagem de circo, pelo inusitado de sua condição, caricatura do sexo que pretende imitar.

Os mais imaturos acabam envolvendo-se com a prostituição, atendendo pessoas desajustadas que buscam aventuras sexuais.

Em qualquer situação, até mesmo para que o respeitemos como ser humano, é preciso ver no travesti um Espírito em expiação, enfrentando o insuperável problema de uma psicologia que não se ajusta à morfologia.

* * *

O travesti pode enquadrar-se no homossexualismo, na medida em que dê vazão aos seus impulsos sexuais orientados pela psicologia invertida.

Considere-se, entretanto, que a maior parte cios homossexuais não têm nada em comum com esse problema. É muito mais uma questão de opção e, mas que isso, de *viciação*.

Assim como há indivíduos que se viciam no fumo, no álcool, nas drogas, há viciados do sexo que, à procura de sensações, acabam desenvolvendo práticas homossexuais.

O homossexualismo pode desenvolver-se na adolescência, como experiência motivada pela curiosidade juvenil; ou em prisões, como alternativa para necessidades sexuais.

Não se trata, portanto, de uma acomodação da psicologia à morfologia. Há homossexuais masculinos muito viris, assim como há lésbicas (a mulher homossexual), que são extremamente femininas.

Como todos os vícios, o homossexualismo traz prazeres no início e amarguras depois. Se contrariamos a natureza, o sofrimento, por medida de reajuste, é indispensável.

Esses problemas perdurarão até que a humanidade aprenda a respeitar a própria sexualidade, dispondo-se a fazer da atividade sexual não mera fonte de prazer animal, mas, fundamentalmente, um complemento da comunhão afetiva, sob inspiração do amor que une o homem e a mulher para as experiências sagradas da vida familiar.

O QUINTO FILHO

Transmitem os pais aos filhos uma parcela de suas almas, ou se limitam a lhes dar a vida animal a que, mais tarde, outra alma vem adicionar a vida moral'?

Dão-lhes apenas a vida animal, pois que a alma ê indivisível. ***Um pai obtuso pode ter filhos inteligentes e vice-versa****.*

Questão 203

A senhora engravidou pela quinta vez.

Evento pouco animador.

O marido, sifilítico. Ela, tuberculosa.

O primeiro filho nasceu cego.

O segundo morreu.

O terceiro era surdo.

O quarto padecia do mal materno.

O casal pensou em aborto, com apoio de médicos e amigos.

E você, leitor, o que faria?

Bem, se é espírita, não há o que pensar. O Espiritismo é inconfundivelmente contrário. Admite o aborto apenas numa circunstância: quando há sério risco para a futura mãe.

Num confronto, é razoável que prevaleça a vida que já exercita labores e responsabilidades sobre aquela que ainda não veio à luz.

Ainda assim, trata-se de uma questão muito pessoal. Existem gestantes que, informadas dos riscos que correm, decidem levar adiante a gestação.

Ardorosas na fé, preservam o bebê e são preservadas por Deus.

* * *

No passado, culturas materialistas, como a de Esparta, eliminavam deficientes físicos no nascedouro, pretendendo sustentar uma raça de guerreiros impecavelmente fortes e saudáveis.

Essa eugenia amoral está presente hoje nos modernos centros médicos, onde sofisticados exames, durante a gestação, determinam quanto à conveniência de eliminar embriões *defeituosos*, como se fossem peças de uma fábrica rejeitadas nos testes de qualidade.

O Espiritismo tem uma contribuição a nos oferecer, neste particular, demonstrando que crianças com problemas mentais e físicos são Espíritos em provação, enfrentando situações compatíveis com suas necessidades evolutivas e seus débitos cármicos.

Os pais, por sua vez, situam-se, geralmente, por parceiros ou mentores de seus delitos. Têm, por isso, o intransferível compromisso de ajudá-los nessas penosas jornadas de reabilitação.

* * *

O problema, portanto, não pode ser reduzido a simples acidente biológico. Embora as leis de genética estejam presentes no ato reencarnatório, não funcionam de forma *casual*. O mecanismo é *causal*.

Não é o *acaso* que promove a combinação de elementos hereditários. A *causa* está nas vivências anteriores do reencarnante, que determinam a natureza de seu corpo, com as facilidades ou dificuldades que enfrentará.

Na síndrome de Down, o chamado mongolismo, por exemplo, ocorre uma espécie de erro cromossômico. O portador possui um cromossomo a mais, que provoca a anomalia. Problema genético, mas de ascendentes cármicos. O mongolóide é um Espírito em expiação, enfrentando limitações relacionadas com seu passado.

* * *

Herdamos de nossos pais elementos hereditários como quem recebe material para construir uma residência.

As casas são feitas de tijolos, telhas, madeira, cal, cimento, areia. O tipo de construção vai depender das necessidades, disposições e disponibilidades do proprietário. Poderá ser grande ou pequena, ventilada ou abafada, ensolarada ou sombria, sólida ou frágil...

O mesmo ocorre na reencarnação. Recebemos de nossos genitores o material (genes) para uma nova moradia (corpo) e o fazemos obedecendo ao automatismo das leis divinas ou a um planejamento espiritual, que resultará sempre numa estrutura orgânica compatível com nossas necessidades evolutivas.

Um indivíduo violento, sempre pronto a resolver *no braço* suas pendências, terá corpo frágil que inibirá seus impulsos agressivos.

Ainda que reencarne em família de gente forte e saudável, aproveitará o *material de construção* precariamente e ressurgirá na carne com educativas deficiências.

Anomalias como a síndrome de Down, classificadas como acidentes hereditários pelos geneticistas, constituem, na verdade, abençoada terapia de Deus em favor de filhos desajustados.

* * *

Há um outro lado da questão.

Um Espírito reencarna com importante missão, no seio de família que tende a gerar deficientes físicos, em virtude de problemas genéticos.

Pela natureza de suas tarefas, ele deve ter corpo saudável. Assim, técnicos da Espiritualidade atuando com segurança, selecionam o óvulo mais promissor, o espermatozóide mais adequado e promovem a fecundação, aproveitando da melhor forma possível os caracteres hereditários, favorecendo o reencarnante.

Não obstante os prognósticos, nasce a criança sem problemas físicos ou mentais passíveis de comprometer sua missão.

Certa feita vi uma cozinha azulejada, em entidade assistencial.

- Instituição rica! Azulejos de primeira! - brinquei.

- São de segunda. Selecionamos o melhor - explicou o diretor.

Assim ocorre na reencarnação.

Ainda que não exista disponibilidade genética

ideal, quando necessário a Espiritualidade sempre dá um jeito de selecionar *azulejos*.

* * *

Por isso, aquela mulher tuberculosa, com o marido sifilítico e prole problemática, pode ficar tranquila. O filho que virá não estaria ligado a ela sem razões ponderáveis.

E jamais serão fortuitas as condições que lhe marcarão a mente e o corpo, favorecendo-lhe os voos do raciocínio ou impondo-lhe a obnubilação intelectual, oferecendo-lhe livre movimentação ou aprisionando-o na deficiência.

Missionário ou reeducando, tarefeiro ou aprendiz, terá corpo compatível com seus compromissos, consoante os sábios desígnios de Deus, presentes até mesmo na folha que cai de uma árvore, como ensinava Jesus.

HEREDITARIEDADE MORAL

Frequentemente, os pais transmitem aos filhos a parecença física. Transmitirão também alguma parecença moral'?

Não, que diferentes são as almas ou Espíritos de uns e outros. O corpo deriva do corpo, mas o Espírito não procede do Espírito. Entre os descendentes das raças apenas há consanguinidade.

Questão 207

Vários provérbios ressaltam a ideia de que os filhos reproduzem defeitos e qualidades dos pais:

Tal pai, tal filho...
Filho de peixe, peixinho é...
Quem sai aos seus não degenera...
Filho de gatos, ratos mata...
Filho de burro pode ser lindo, mas um dia dá coice...

Bem, depende do ângulo em que observamos o assunto.

Quanto à estrutura física é notório que funciona a hereditariedade. Filha de pais obesos dificilmente será manequim. Filho de pais magérrimos terá poucas chances de ser lutador de sumo.

Há, também, certo peso hereditário determinando o quociente de inteligência. Pais de QI elevado guardam melhores chances de gerar filhos inteligentes. Pesquisas demonstram isso.

Aqui é preciso levar também em consideração o nível social. Indivíduos de QI elevado obtêm maior sucesso profissional, garantindo razoável estabilidade econômico-financeira. Consequentemente seus filhos serão bem nutridos, terão melhores escolas, cuidados médicos adequados, vida mais saudável, opções numerosas de esporte e lazer. Tudo isso favorece o desenvolvimento intelectual.

Imperioso recordar sempre, no estudo da reencarnação, que o Espírito subordina-se às possibilidades do corpo que lhe serve às experiências humanas, como um corredor de Fórmula Um está sujeito às potencialidades de sua máquina. Ayrton Senna, ás do automobilismo mundial, afundaria em ostracismo sem um carro com tecnologia de ponta.

Um gênio da Espiritualidade terá imensas dificuldades em mobilizar seu potencial num corpo subnutrido desde a gestação.

Isto é claramente demonstrado nas experiências com adoção. Filho de favelados humildes, paupérrimos, é adotado por família rica, ainda recém-nascido. Recebe desde logo o que há de melhor em nutrição e cuidados médicos. O confronto deste bebê, na idade adulta, com um irmão que permaneceu na favela, revelará sensível diferença em favor do primeiro.

* * *

O mesmo não se pode dizer quanto à moral.

Não herdamos a bondade ou a maldade, o altruísmo ou o egoísmo, o vício ou a virtude de nossos pais.

Estes valores não estão impressos nos genes, nem se condicionam à estrutura ou desenvolvimento do corpo físico.

Constituem patrimônio do Espírito.

Há, sem dúvida, também aqui, a influência do meio. A criança é sensível aos exemplos que recebe, ao pressionamento do ambiente em que vive.

Mas é uma influência relativa, mesmo porque a evolução moral opera-se de dentro para fora, a partir da disposição íntima do indivíduo em lutar contra suas imperfeições e deficiências.

Por isso os filhos revelam suas próprias características, eminentemente pessoais, sua maneira de ser, não raro em oposição ao lugar em que vivem e aos estímulos que recebem.

A melhor demonstração disso está no próprio lar.

Numa família de cinco filhos, com os mesmos pais, o mesmo ambiente, os mesmos cuidados, sob as mesmas condições, são todos diferentes entre si, como os dedos da mão.

Há um carinhoso; outro que é muito agressivo.

Há o que não gosta de mentir; outro que se destaca por ser amigo do engodo.

Há o fascinado por sons estridentes; outro que prefere música suave.

Há o ávido por aventuras amorosas; outro extremamente comedido no relacionamento afetivo.

Entre pais e filhos, a mesma antítese.

Exemplo marcante: Marco Aurélio e Cômodo.

Marco Aurélio, o mais virtuoso e sábio dos imperadores romanos, imortalizado por seu amor à filosofia e às letras.

Cômodo, seu filho, teria passado anônimo pela História, não fora o lamentável destaque para sua crueldade e devassidão.

A moral, portanto, é a carteira de identidade do Espírito, dando-nos conta de que ele é filho de si mesmo, de seus patrimônios íntimos, de suas experiências pretéritas, revelando-nos o estágio de evolução em que se encontra.

* * *

Noutro dia, referindo-se a uma família onde pais e filhos têm comportamento imoral, sempre dispostos a lesar o semelhante, um amigo comentava:

- É tudo farinha do mesmo saco.

Realmente, isto pode acontecer, não por herança moral ou mera influência ambiente, mas por afinidade.

Uma família de bandidos é constituída por Espíritos que têm essa tendência.

Uma família de gente honesta e digna integra Espíritos do mesmo porte.

Há, ainda, *a ovelha negra*, um filho degenerado, de comportamento inconsequente e vicioso, no seio de uma família ajustada. Espírito atrasado que foi acolhido com o propósito de ser ajudado em seu aprendizado.

O inverso também acontece: uma *ovelha branca* entre marginais. Espírito evoluído numa tarefa sacrificial em favor dos familiares.

* * *

Algo semelhante ocorre em relação à vocação, ponta visível de nosso universo íntimo, sem subordinação a fatores hereditários ou ambientes.

Desde a mais tenra infância, a criança revela tendências e habilidades relacionadas com determinada atividade que, não raro, surpreendem os adultos.

Se houvesse uma escola para os pais, uma disciplina seria indispensável: como ajudar os filhos a seguir suas inclinações, no indispensável casamento entre vocação e profissão.

Quando isto não ocorre, temos verdadeiros desastres:

Maus médicos que seriam excelentes fazendeiros.

Maus advogados que seriam ótimos músicos.

Maus administradores que se dariam bem melhor como operários.

Diz Gibran Khalil Gibran, em *O Profeta*:

Vossos filhos não são vossos filhos.

São os filhos e as filhas da ânsia da Vida por si mesma.

Eles vêm através de vós, mas não de vós.

E embora vivam convosco, não vos pertencem.

Jesus diz algo semelhante no famoso diálogo com Nicodemos, quando proclama:

O Espírito sopra onde quer; tu lhe ouves a voz, mas ignoras donde ele vem e para onde vai...

Os dois textos aplicam-se à concepção reencarnacionista, dando-nos conta de que os filhos trazem suas próprias aptidões e senso moral.

Podemos e devemos auxiliá-los a desenvolver para o Bem esses valores. Para isso estão junto de nós.

Consideremos, contudo, que chegará o momento em que seguirão seus caminhos. Então, aprenderão com seus próprios erros e crescerão com seus próprios acertos.

POUCAS VAGAS NA ESCOLA

A alma reencarna logo depois de se haver separado do corpo?

Algumas vezes reencarna imediatamente, porém de ordinário só o faz depois de intervalos mais ou menos longos. (....)

Questão 223

O velhinho era reencarnacionista convicto, mas isso não o animava muito.

- Estou com noventa e quatro anos. Preocupa-me saber que meus pais desencarnaram há quarenta e cinco anos. Três decênios decorreram desde que minha esposa partiu. Perto de meio século marca o falecimento de um filho adolescente. Depois de tanto tempo, não os reencontrarei na Espiritualidade, quando Deus me chamar. Reencarnados, integrados em nova personalidade, nova família, nossa ligação perecerá.

Este raciocínio é frequentemente usado por aqueles que não aceitam a reencarnação. Ressaltam que nessas idas e vindas perdemos de vista nossos amados, dissolvendo-se as ligações afetivas.

Não é nada disso.

Se a convivência faz o amor, este, quando consolidado, perdura sempre, ainda que, eventualmente, fiquem sem conviver os que se amam.

Tanto é assim que os Espíritos que se adiantam, estagiando em planos mais altos, tornam-se anjos tutelares de seus amados, amparando-os sempre, na Terra ou no Além.

Podem, portanto, alterar-se os cenários e os papéis desempenhados por nós, no teatro da Vida, mas o amor legítimo será sempre imutável e imorredouro.

* * *

Por outro lado, a reencarnação não é um ioiô evolutivo, em que o Espírito envolve-se com um suceder de giros reencarnatórios, sem tempo para tomar fôlego na Espiritualidade.

A existência física é apenas um *estágio escolar*, onde cultivamos disciplinas compatíveis com nossas necessidades evolutivas. Nossa morada está no Plano Espiritual.

Nenhum aluno reside na escola. Permanece ali bem menos do que se imagina. Considerando que o ano letivo tem cento e oitenta dias, com carga horária de aproximadamente cinco horas diárias, concluímos que o colégio ocupa perto de um décimo de seu tempo.

Algo semelhante ocorre em nossas experiências no educandário terrestre. E tanto mais ficaremos em casa, na Espiritualidade, quanto mais amplamente superarmos nossas imperfeições, já que é para isso que nos submetemos às experiências reencarnatórias.

Os Espíritos superiores raramente vêm à carne. Quando o fazem é para nos ensinar, em gloriosas missões, porquanto nada têm a aprender aqui.

Infundado, pois, o temor de que não encontraremos os familiares que nos antecederam no retorno à Espiritualidade. Salvo em circunstâncias excepcionais, nossa permanência no Além é longa, para mais de cem anos.

* * *

Isso ocorre também por um problema de disponibilidade de vagas na escola terrestre.

Frequentemente, nas manifestações de benfeitores espirituais, ouvimos exortações assim:

- Aproveitem a oportunidade que Deus lhes concedeu. Lutem contra suas imperfeições. Empenhemse em favor da própria renovação. Pratiquem o bem, conquistem lastros de virtude. Valorizem a bolsa de estudos na reencarnação, porquanto há *extensas filas* de Espíritos esperando a chance do recomeço.

Essa demora significa que a intermissão, o tempo que separa duas encarnações, é mais ou menos longo.

Fácil perceber isso, analisando uma informação do Espírito André Luiz, em psicografia de Francisco Cândido Xavier, publicada no Anuário Espírita, de Araras, edição de 1964.

Segundo o apreciado mentor, a população desencarnada da Terra andava perto de vinte e um bilhões de Espíritos.

Naquele ano o número de encarnados era de aproximadamente três bilhões, a oitava parte da população global. Se esta permanecesse estática, com uma média de cinqüenta anos para a jornada humana (considerando países desenvolvidos e subdesenvolvidos), demandaria quatrocentos anos para que todos tivéssemos uma experiência reencarnatória.

Como a população encarnada vem crescendo sempre (atualmente somos perto de cinco bilhões e trezentos milhões), e há Espíritos que não reencarnam mais ou o fazem a espaços muito dilatados, a intermissão pode ser reduzida a perto de duzentos anos.

Trata-se de uma especulação, mas dá para sentir que forçosamente passamos mais tempo no Além. A demanda é bem maior do que a *oferta de vagas*.

Não há, portanto, razão para temermos não reencontrar, no Plano Espiritual, aqueles que nos precederam.

Tão certo quanto a própria morte será o reencontro dos que se amam de verdade, com aquela fidelidade que supera as barreiras do espaço e do tempo.

* * *

Cientistas que pesquisam a reencarnação, com a regressão de memória por hipnose ou indução, têm confirmado que embora varie muito a intermissão, podendo ultrapassar mil anos, há uma média em torno de duzentos e cinquenta anos.

Há as notáveis pesquisas em torno das reminiscências espontâneas. Algumas crianças recordam a existência anterior, com tal riqueza de detalhes que chegam a confundir os adultos.

Imaginemos um menino a reclamar aos genitores:

- Não sei o que estou fazendo nesta família. Meus pais de verdade residem em outra cidade. Tenho outros irmãos. Sou casado, tenho filhos...

Uma bela confusão gerada por personalidades

superpostas de uma individualidade.

Os pesquisadores constatam que a intermissão, nesses casos, é brevíssima, não ultrapassando os vinte anos, o que parece contrariar a tese de que é longo o intervalo que separa duas encarnações.

Na verdade é uma confirmação. Fácil entender por que:

A criança só lembra da vida passada porque ficou pouco tempo no Plano Espiritual. Se estes casos são raros, isto significa que a intermissão curta é uma exceção.

* * *

Não vai longe o dia em que a reencarnação será reconhecida pela comunidade científica, preenchendo certas lacunas na teoria evolucionista de Darwin.

Ficarão espantados os cientistas ao constatarem que todas as consequências culturais, sociais e morais, relacionadas com o conhecimento das vidas sucessivas, estavam perfeitamente delineadas e definidas nas obras básicas da Doutrina Espírita, com a marcante contribuição de Allan Kardec.

A posse desse conhecimento abençoado, antes que a Ciência o desdobre, implica num compromisso:

Compete-nos desenvolver uma *consciência re-*

encarnatória, valorizando o trânsito pela escola terrestre onde devemos agir como alunos aplicados nas lições da vida.

Somente assim, de retorno ao lar, estaremos habilitados à felicidade que almejamos, no dilatado estágio na Espiritualidade, como sugere David, no famoso Salmo XXIII:

E na casa do Senhor habitarei por longos dias.

FESTA DE ÍNDIO

Conservam os Espíritos algumas de suas paixões humanas?

Com o invólucro material os Espíritos elevados deixam as paixões más e só guardam as do bem. Quanto aos Espíritos inferiores, esses as conservam, pois do contrário pertenceriam à primeira ordem.

Questão 228

Existem boas paixões?

Pode ser bom um sentimento elevado a alto grau de intensidade, sobrepondo-se à razão? Algo que inibe nossa capacidade de avaliação e o controle de nossas emoções?

Essa aparente contradição justifica-se por uma peculiaridade da língua portuguesa: há muitas palavras com mais de um e até com múltiplos significados. Consagrado um deles, os demais soam estranhos e até antagônicos.

A palavra casa, por exemplo, evoca imediatamente a ideia de habitação. Mas casa é também a terceira pessoa do singular do verbo casar; a abertura por onde passa o botão; o público que assiste um espetáculo; uma divisão decimal; a localização das peças no jogo de xadrez...

Isso ocorre com a paixão.

Fixou-se a ideia de que se trata de sentimento profundamente nocivo, que induz a desatinos.

Matou a mulher com vinte e sete facadas - grita a manchete no jornal sensacionalista.

No texto, a explicação:

A esposa pretendia abandoná-lo por outro. Dizendo-se profundamente apaixonado, incapaz de viver sem ela, o marido não conteve o impulso assassino.

E se ele a tivesse deixado seguir seu caminho, embora sofrendo com a separação? Se considerasse o direito inalienável da esposa infiel em decidir a própria vida? Não teríamos aqui uma boa paixão, de quem gosta intensamente sem perder o bom senso, a posse de si mesmo?

A paixão é um estímulo evolutivo. Significa nosso envolvimento intenso com o que fazemos ou com quem nos relacionamos. Isso favorece o desenvolvimento de nossas potencialidades intelectuais, morais, emocionais...

Torna-se um mal quando abdicamos do discernimento, da razão, sustentando-a sem proveito real, sem utilidade legítima, comprometendo-nos num comportamento irregular.

Há pessoas que têm paixão pelo trabalho.

Uma boa paixão, desde que encaremos o trabalho como parte da vida, evitando transformá-lo em finalidade dela, o que nos conduzirá a excessos perigosos e desajustantes.

* * *

Neste contexto, um tema bem atual: o carnaval. De origem pagã, remonta às festas saturnais, na antiga Roma, quando se comemorava o retomo da primavera.

No Brasil é uma paixão popular. Envolve multidões.

Boa ou má?

Impossível ficar com a primeira opção quando se observa que, sob inspiração do álcool e das drogas, ali se destacam o nudismo exibicionista, a malícia, a imoralidade, o adultério.

Um comercial de prevenção da AIDS sugere que o folião use preservativo sexual como fantasia. Imagem de mau gosto, mas que revela o clima de promiscuidade que grassa no carnaval.

Os registros policiais relacionados com o aumento da criminalidade, de estupros, de acidentes fatais, nesses dias, são alarmantes.

* * *

Há quem considere o carnaval uma boa paixão, ensejando a oportunidade de espairecimento, de alívio de tensões.

Talvez isso ocorra, mas é preciso analisar as consequências. Posso eliminar prontamente uma verruga que cresce no dedo, submetendo-a ao fogo. Só há um problema: o dedo também será incinerado.

O ambiente de carnaval pode *derreter tensões*, mas é também fogo de perturbação, na medida em que se associam a esses festejos multidões de Espíritos obsessores. Eles tomam de assalto os foliões, sugando-lhes as energias e provocando-lhes desajustes que lhes imporão dias de amarguras. Um preço muito alto por alguns dias de euforia...

Talvez pudéssemos evitar esse envolvimento com o cultivo da sobriedade, abstendo-nos do álcool e das drogas, evitando os maus pendores, a malícia...

Seríamos, então, o folião evangelizado, que entra no baile momístico em oração, pensamento em Jesus, Evangelho na mão, entoando cânticos de louvor, enfrentando as *feras* do Além como os antigos cristãos enfrentavam os leões no circo romano.

Certamente não faríamos boa figura.

Jamais o carnaval será uma boa paixão, porquanto falta-lhe o essencial para isso: o exercício da razão, que nos leva a fazer o que é útil, proveitoso, lógico, edificante.

O carnaval é a antítese de tudo isso, uma renúncia a milhares de anos de aprendizado, na escola da evolução, para o retorno à taba. É festa de índio, de gente a pular inconsequentemente.

* * *

Alinhavamos estas ideias sem nenhuma pretensão anatematizante, já que o Espiritismo é a doutrina da consciência livre. Tudo o que faz é esclarecer, demonstrando que há iniciativas que não interessam à nossa economia espiritual.

Lembramos a afirmativa de Paulo contida na Primeira Epístola aos Coríntios:

Todas as coisas me são lícitas, mas nem todas as coisas me convêm.

Podemos, como espíritas, participar de qualquer atividade mundana. A liberdade é fundamental para que germine a responsabilidade. Colhendo as consequências de nossos acertos e desacertos saberemos o que é bom e o que não é bom para nós.

O Espiritismo apenas enfatiza a importância de não perdermos tempo, procurando o que nos convém como Espíritos eternos, atendo-nos ao que é realmente importante, a experiências proveitosas que nos enriqueçam moral e intelectualmente.

Daremos um passo decisivo, neste particular, quando adquirirmos plena consciência da necessidade de nos ajustarmos aos padrões éticos do Evangelho.

Na medida em que o Evangelho comandar nossas vidas, saberemos definir melhor nossos caminhos, participando das atividades sociais apenas na medida em que possam fazer parte de nossa ação em favor de um mundo melhor.

Desperto para o Evangelho, o folião de hoje será amanhã o servidor. Ignorará as cabrioladas momísticas sob inspiração de ideias mais proveitosas:

O Centro Espírita que frequento está precisando de uma pintura. Aproveitarei os feriados de carnaval. Convocarei os companheiros e na quarta-feira o prédio estará brilhando.

No bairro onde presto assistência há dezenas de barracos em péssimas condições. Faremos um mutirão no carnaval. Vamos ajudar aquela gente.

Essas iniciativas permitir-lhe-ão superar tensões sem os riscos da inconsequência, e desfrutar de alegria autêntica, sem dramas de consciência e sem ressacas.

* * *

Há uma estimulante afirmativa de Jesus nesse sentido, contida no Evangelho de João, capítulo XVII, quando, em oração, dirigindo-se a Deus, suplica:

Eles não são do Mundo, como também eu não o sou.

Santifica-os na verdade.

Sim, devemos participar da sociedade terrestre, desenvolver atividades humanas, mas lembrando que não somos daqui, não apenas no sentido de que o Evangelho nos inspira ideais que se sobrepõem às ilusões mundanas, mas sobretudo porque, efetivamente, aqui estamos *em trânsito* apenas.

O que é a Terra para nós?

Oficina? Escola? Prisão? Albergue? Hospital?

Depende de como estamos vivendo, das paixões que cultivamos...

Só não é nosso lar. Este está no plano espiritual e em função dele devem girar nossas aspirações mais legítimas, como alguém que, estagiando em remota região, trata de fazer o seu *pé-de-meia* para situar-se em melhor posição ao retornar.

Assim estaremos *santificados na verdade*, isto é, vivendo de forma autêntica, Espíritos eternos que concebem a existência humana como abençoada oportunidade de edificação para, através do esforço perseverante no Bem, alcançar estágios mais altos de virtude e sabedoria.

EVOLUINDO SEMPRE

Na erraticidade, o Espírito progride?

Pode melhorar-se muito, tais sejam a vontade e o desejo que tenha de consegui-lo. Todavia, na existência corporal é que põe em prática as ideias que adquiriu.

Questão 230

Frequentemente deparamos com a palavra *erraticidade* nas obras básicas da Doutrina Espírita, definindo o estágio que o Espírito faz no Além, entre duas encarnações.

No Brasil consagrou-se a expressão *Espírito desencarnado*, talvez porque para nós aquele termo sugere *sem rumo, perdido*, algo como *alma penada,* que popularmente situa o espectro dos mortos a vagar sem destino.

Neste sentido, *erraticidade* pode caracterizar a posição de muitos Espíritos, mas está longe de valer para todos.

Nosso Lar, por exemplo, a cidade espiritual descrita pelo Espírito André Luiz, em livro homônimo psicografado por Francisco Cândido Xavier, tinha perto de um milhão de habitantes quando a obra foi publicada. Ali todos estudam, trabalham, cultivam a arte, aprimoram-se moral e intelectualmente... Enfim, *evoluem*.

Aquela cidade espiritual realiza o ideal de uma sociedade cristã, onde a fraternidade é norma de vida e o egoísmo não encontra espaço nos corações. Consoante a lição evangélica, destacam-se os que mais servem.

Não há em *Nosso Lar* ociosidade, indiferença pelos valores da existência, interesses individualistas em detrimento da coletividade. O próprio autor somente adquiriu o direito de ali residir após exercitar desprendimento e altruísmo, num dramático episódio envolvendo sua família.

* * *

Há aspectos curiosos em *Nosso Lar*, como o acordo entre seus moradores, no sentido de cultivar apenas pensamentos positivos, otimistas, isentos de cogitações inferiores.

Sábia decisão, porquanto a atmosfera psíquica de qualquer comunidade, na Terra ou no Além, guarda relação com as vibrações mentais de seus integrantes.

Se o céu se cobre de nuvens negras, há freqüuntes descargas elétricas que podem provocar danos consideráveis.

Algo semelhante ocorre no horizonte espiritual. A indisciplina mental da criatura humana favorece, nas grandes concentrações urbanas, a evolução de deletérias formações fluídicas que se derramam em ocorrências lastimáveis.

Acidentes graves, tragédias, assassinatos, roubos, episódios envolvendo o vício e a violência, a indisciplina e o desregramento, espoucam nas grandes cidades, com graves prejuízos materiais e espirituais.

Até que ponto poderemos observá-los à distância, sem considerar que de certa forma estamos envolvidos?

Não haverá em nós uma parcela de responsabilidade, na medida em que contribuímos com nossos pensamentos, com nossas atitudes, com nossa maneira de ser, para a turvação psíquica de nossa cidade, abrindo espaço para essas descargas destruidoras?

* * *

Esse problema está presente a partir dos *pa-*

pos que marcam a imaturidade humana. Dificilmente veremos duas ou mais pessoas conversando, descontraídas, sem que os assuntos resvalem para a maledicência, a crítica ferina, o anedotário vulgar, o pessimismo. O palco dessas tertúlias inconsequentes pode estar feericamente iluminado, mas os interlocutores são geradores de sombras.

Os templos religiosos funcionam, neste contexto, como revitalizantes entrepostos espirituais, onde as pessoas nutrem-se, por alguns momentos, de cogitações superiores. Estas, entretanto, não chegam a motivar-lhes a existência, porquanto transitam, efêmeras, pelo cérebro, sem tempo nem espaço para fixarem-se no coração.

O ideal seria reconhecer no Universo o templo divino, a casa de Deus, o que significa que onde e com quem estivermos devemos buscar valores de edificação espiritual, fazendo o melhor.

E se, à semelhança dos habitantes de *Nosso Lar*, disciplinássemos nossa mente para o Bem, estimulando amigos e familiares para que façam o mesmo?

Em princípio seríamos alguns apenas; depois, muitos; mais tarde, uma avalanche de gente a pensar no Bem, a praticar o Bem, a edificar o Bem.

Então ocorreriam substanciais modificações na comunidade em que vivemos, que acabaria se destacando por uma incidência menor de crimes, acidentes, tragédias, vícios, suicídios...

Pode parecer utópico. Não esqueçamos, porém, que todas as grandes realizações humanas começaram com sonhadores que acreditaram em seus sonhos.

Ainda que nosso empenho não encontre repercussão, em princípio, naqueles que nos rodeiam, estaremos melhorando nossa cidade, nossa casa e, sobretudo, a nós mesmos, como se carregássemos conosco um gerador de bênçãos.

* * *

Em *Nosso Lar* não circula dinheiro, o ouro da perdição humana. Vestuário, habitação e alimentação são fornecidos gratuitamente pelo governo da cidade. Seria o paraíso da ociosidade não houvesse um pequeno detalhe: só vivem ali Espíritos perfeitamente conscientes de que o trabalho é lei divina, cuja observância é indispensável ao nosso equilíbrio e bem-estar.

Assim, *todos* trabalham.

Não há apadrinhamentos, poder político ou econômico, sinecuras, ociosidade. A medida de aferição de direitos é o merecimento, no rigoroso cumprimento do enunciado evangélico: *A cada um segundo suas obras*. Quem mais serve, mais possui.

E há escolas, universidades, postos avançados de cultura, em estágios de desenvolvimento inimagináveis, onde os alunos realizam estudos relacionados com o Universo e a Vida, preparando-se para futuras reencarnações.

* * *

Mobilizando sua população, a cidade atende enorme contingente de Espíritos atribulados e infelizes, que colhem os frutos dos desregramentos e paixões que cultivaram na vida física.

Esse é o trabalho mais importante, em observância da lei maior - O Amor - que exercitamos, segundo Jesus, quando fazemos ao semelhante o bem que dele gostaríamos de receber.

Tanto os obreiros do Bem, quanto aqueles que colhem na Espiritualidade sofrimentos e desajustes resultantes de seus desatinos, nos dão notícia do Céu e do Inferno, não como locais geográficos, mas como um estado de consciência. Onde estivermos, um dos dois estará conosco, dependendo do que fazemos ou deixamos de fazer.

* * *

Há quem pergunte:

Não seria mais fácil evoluir no Plano Espiritual, integrando comunidades semelhantes à de Nosso Lar, *junto a Espíritos conscientes e esclarecidos?*

Certamente. Considere-se, entretanto, que para a vasta maioria que compõe a população terrestre, a reencarnação é necessidade imperiosa, por várias razões, destacando-se:

Purgação de impurezas espirituais com os filtros dos males orgânicos...

Contenção de tendências inferiores sob o guante das deficiências e limitações físicas...

Estímulo ao trabalho, ante a necessidade de atender à sustentação do corpo, sob inspiração do instinto de conservação...

Superação de paixões e fixações comprometedoras, favorecida pelo choque biológico do renascimento, que impõe o esquecimento do passado...

Reconciliação de desafetos reunidos pela consanguinidade, convocados à reformulação de seu relacionamento pela convivência no lar...

Sobretudo, a reencarnação testa as aquisições morais, estabelecendo o confronto entre os ideais renovadores que cultuamos no Além e nossa personalidade real, oculta nos refolhos da consciência.

É fácil cultivar o Evangelho em *Nosso Lar*, entre Espíritos que se orientam pelos ensinamentos de Jesus.

O teste está em fazê-lo nas turbulências da sociedade humana. Aqui demonstramos se houve aproveitamento ou teremos que começar tudo de novo, quais alunos recalcitrantes que não se empenham em aprender a lição.

A ORQUESTRA E O CD

Os Espíritos experimentam as nossas necessidades e sofrimentos físicos?

Eles os conhecem, porque os sofreram; não os experimentam, porém, materialmente, como vós outros.

São Espíritos.

Questão 253

Espíritos sofredores, em reuniões de assistência aos desencarnados, queixam-se frequentemente de dores torturantes, algo curioso, porquanto a dor é um fenômeno físico.

Se encostarmos a mão na chama da vela, os terminais nervosos ali localizados levarão, instantaneamente, a notícia para o cérebro, repercutindo em nossa consciência como estridente alarme - a dor lancinante. Em fração de segundo retiraremos a mão, evitando que seja incinerada.

Assim, embora execrada e indesejável, a dor situa-se como a mais eficiente defesa de nosso corpo.

Não fosse sua inestimável proteção, fatalmente nos envolveríamos em danosas situações sem esboçar reação. Até num simples banho quente poderíamos nos ferir, com graves queimaduras, se o termostato celular não nos avisasse que a água está muito quente.

Esse é um dos problemas da hanseníase, que destrói os agentes sensoriais na epiderme. Um hanseniano calçou o sapato no qual o filho inocentemente guardara pequeno soldadinho de chumbo. Andou durante todo o dia sem nada perceber. À noite, ao banhar-se, constatou que seu pé guardava sangrento ferimento.

A dor física situa-se também por eficiente instrumento evolutivo.

A maioria das pessoas que procuram os templos religiosos é motivada por males variados que lhes impõem tormentosos padecimentos.

Confortam-se, amenizam suas dores e aprendem, sobretudo, a cultivar as virtudes cristãs, dando menos ênfase às ilusões.

Isso ocorre particularmente no Centro Espírita, escola divina, oficina de serviço redentor, em princípio confundido com milagroso hospital para males renitentes.

Guardiã da saúde, mestra rigorosa de renovação, a dor ajuda-nos a preservar e valorizar a existência humana.

* * *

Tratando-se de um fenômeno material, que envolve o corpo físico, por que os Espíritos desencarnados experimentam dores?

Aqui é preciso lembrar o perispírito, etéreo intermediário entre o Espírito - o ser pensante - e o corpo físico - a máquina de que nos valemos para transitar pela matéria.

É através dele que o Espírito toma conhecimento do que ocorre com o corpo e experimenta as sensações físicas.

O câncer ósseo provoca dores cruciantes que, registradas pelo cérebro, repercutem na consciência por intermédio do perispírito. Após a morte, liberto da matéria, o Espírito não as terá. Entretanto, impressões contidas nos registros perispirituais incomodá-lo-ão como se fossem dores autênticas, até que supere o trauma relacionado com a enfermidade que o vitimou.

Algo semelhante poderá acontecer com o indivíduo que amputa uma perna. Dores e comichões no pé que se foi não são sensações, mas meras impressões.

O tempo para solução desse problema é variável, dependendo da evolução do Espírito e de seu preparo para a morte. Quanto mais envolvido com vícios e paixões; quanto maior sua ignorância sobre o assunto, maior será sua dificuldade.

* * *

Não raro, o desencarnado, inconsciente e perturbado, aproxima-se de um familiar. Ocorre então um envolvimento mediúnico natural, situando-se o Espírito como necessitado que implora socorro.

Suas impressões perispirituais repercutirão no encarnado, que as converterá em dor e mal-estar que lhes correspondem.

Se a ligação persistir, acabará procurando um médico. Este não encontrará absolutamente nada no paciente, porquanto não há lesionamento físico. É apenas um fenômeno mediúnico, perfeitamente superável com o esclarecimento e afastamento do *obsessor*.

* * *

Do salão fechado ouvem-se sons fortes de uma orquestra.

Aberta a porta verificamos que ali não há ninguém. Sofisticado aparelho reproduz vibrante composição musical gravada em CD. A música é real, mas os músicos só existem nos registros sonoros.

O médium (aparelho) reproduz dores (sons) que o Espírito sentia quando encarnado, registradas em seu perispírito (impressões).

Assim como a pessoa que está fora do salão pode enganar-se, pensando que a orquestra está presente, o familiar envolvido pelo desencarnado em perturbação poderá imaginar que sofre mal idêntico ao que o vitimou.

* * *

Um cardiologista espírita, médium psicofônico, experimentou, em reunião mediúnica, sintomas típicos de um enfarte: dor intensa no peito, irradiando-se para o braço esquerdo, mal-estar, suor abundante...

Ajudado por amigos e familiares foi ao consultório. Chamou a enfermeira que trabalhava com ele. Submeteu-se ao eletrocardiograma. Vários registros foram feitos, sem acusar absolutamente nada.

A esposa aplicou-lhe o passe magnético, após leitura de *O Evangelho Segundo o Espiritismo* e evocação de benfeitores espirituais.

Em breve a crise foi debelada. O problema fora mediúnico, com a aproximação de um Espírito empolgado pelo enfarte que provocara sua morte.

No dia seguinte, para confirmar que o fenômeno fora espiritual, o médico foi jogar tênis, submetendo-se a intenso esforço físico durante duas horas. Se houvesse problema cardíaco fatalmente sofreria o enfarte.

* * *

Multidões, particularmente as pessoas dotadas de maior sensibilidade psíquica, submetem-se a tratamentos médicos dispendiosos, demorados e inúteis para males que se renovam, decorrentes de mera influência de Espíritos perturbados e perturbadores.

Sem pretender-se a panacéia infalível, a Doutrina Espírita oferece preciosos subsídios para uma melhor compreensão do assunto, com alternativas mais eficientes em favor daqueles que se dispõem a estudar seus princípios libertadores.

ALMA GÊMEA OU ALGEMA?

As almas que devam unir-se estão, desde suas origens, predestinadas a essa união e cada um de nós tem, nalguma parte do Universo, sua metade, a que fatalmente um dia se reunirá?

Não; não há união particular e fatal, de duas almas.

A união que há é a de todos os Espíritos, mas em graus diversos, segundo a categoria que ocupam, isto é, segundo a perfeição que tenham adquirido. Quanto mais perfeitos, tanto mais unidos. Da discórdia nascem todos os males dos humanos; da concórdia resulta a completa felicidade.

Questão 298

Num de seus célebres diálogos, *O Banquete*, Platão narra curiosa alegoria referente ao amor.

Nos primórdios do Mundo, aqui viviam insólitos seres andróginos, de duas faces e dois pares de braços e pernas. Por terem desafiado os deuses, foram divididos ao meio. Desde então, estas duas metades, uma feminina, outra masculina, buscam, ansiosas, a unidade perdida.

Do ponto de vista emocional e psicológico, diríamos que o homem e a mulher, com suas características próprias, eminentemente másculas ou feminis, são, realmente, duas partes que se completam:

O cérebro e o coração.

A razão e o sentimento.

A força e a sensibilidade.

A energia e a doçura.

Este encaixe idealizado lembra a teoria das almas gêmeas, destinadas à união eterna.

Daí, talvez, a expressão *cara-metade*, usada no relacionamento conjugal. Ou *metade-cara*, quando o marido refere-se jocosamente aos gastos excessivos da esposa.

* * *

Principalmente os jovens, iniciantes na arte de amar, sonham encontrar essa *metade*, alimentando ternos anseios de uma convivência perfeita, de um afeto sem fim, marcados por imensa ternura e imorredoura ventura.

Quase todos encontram seu par. Raros concretizam seus sonhos, porquanto a Terra é um planeta de expiação e provas, onde a maioria dos casamentos representa o cumprimento de compromissos de reajuste assumidos perante a Espiritualidade.

Por isso, passadas as primeiras emoções, quando os cônjuges enfrentam as realidades do dia a dia, os problemas relacionados com a educação dos filhos, as dificuldades financeiras e, sobretudo, o confronto de duas personalidades distintas, com suas limitações, ansiedades, viciações, angústias e desajustes, não tardam em desconfiar que a suposta *alma gêmea* é apenas uma *algema*, cerceados que se sentem em sua liberdade, frustrados em suas aspirações.

Muitos casam-se arrebatados de amor, que logo se esvai no sorvedouro dos atritos e dificuldades do matrimônio. Julgando que erraram na escolha, alimentam secreto desejo de um novo encontro, na eterna procura da alma afim.

Não raro, rompem os compromissos conjugais e partem, decididos, reiniciando a procura. E encontram novas algemas, perenizando suas angústias e gerando problemas que se sucedem, a envolver principalmente os filhos, vítimas indefesas dessas uniões efêmeras.

* * *

O sucesso no casamento implica compreender que não há metades eternas que se buscam para completar-se, como na alegoria platônica.

Há, isto sim, Espíritos que conseguem uma convivência fraterna, com o empenho por ajustarem-se às Leis Divinas, superando seus desajustes íntimos, suas deficiências e fragilidades.

Um coração amargurado, um caráter agressivo, uma vocação para o ressentimento, um comportamento impertinente - tudo isso azeda o casamento.

Então, existe um engano de perspectiva, um equívoco generalizado. As pessoas estão esperando que o casamento dê certo para que sejam felizes, quando é imperioso serem felizes para que o casamento dê certo.

A felicidade, por sua vez, não repousa em alguém, no que possa nos oferecer ou fazer, mas, essencialmente, nos valores que conseguimos desenvolver em nós mesmos, em nosso universo interior.

Somente assim poderemos contribuir de forma decisiva para um casamento bem sucedido.

* * *

Fundamental, nesse particular, que nos detenhamos na definição do amor, o principal agente das uniões conjugais.

O amor legítimo não é uma flecha de Cupido que nos atinge.

Não é uma fonte que brota, borbulhante.

Não é mera chama arrebatadora, como destaca a bela, mas equivocada, imagem poética de Vinícius de Morais:

Que não seja imortal, posto que é chama
Mas que seja infinito enquanto dure.

Muito mais que chama de atração efêmera, o amor pede os valores da convivência para que se desenvolva e consolide.

Cônjuges que se querem bem, que se amam de verdade, são aqueles que atravessaram juntos as tempestades da existência, relevando um ao outro as falhas, cultivando compreensão, respeito e boa vontade.

Assim, a *algema* de hoje poderá ser a alma *gêmea* de amanhã, mesmo porque o objetivo maior do casamento é a harmonização dos Espíritos que se unem para experiências na Terra. Hoje desencontrados, atritados, talvez até inimigos de outras vidas.

Amanhã amigos! Amantes de verdade!

* * *

É lamentável quando os casais se separam, adiando a própria edificação. O mesmo podemos dizer quando alguém proclama que suporta o cônjuge por fidelidade à religião ou aos filhos.

Na avaliação de nossas experiências terrestres, quando regressarmos ao Plano Espiritual, uma das medidas ponderáveis, a ver se aproveitamos a experiência humana, diz respeito à convivência com as pessoas, principalmente no lar.

Voltamos para o Além levando rancores, ódios, mágoas, ressentimentos? Deixamos inimigos e inimizades?

Perdemos tempo, complicando o futuro.

Harmonizamo-nos com os familiares? Edificamos a fraternidade legítima? Construímos as bases de um entendimento cristão com o semelhante?

Ótimo. Teremos realmente valorizado a jornada terrestre, habilitando-nos a estágios em regiões felizes, habitadas por almas afins, gêmeas na virtude, na sabedoria, no empenho por cumprir as leis de Deus.

LEMBRAR DOS VIVOS

A visita de uma pessoa a um túmulo causa maior contentamento ao Espírito, cujos despojos corporais aí se encontrem, do que a prece que por ele faça essa pessoa em sua casa?

Aquele que visita um túmulo apenas manifesta, por essa forma, que pensa no Espírito ausente. A visita é a representação exterior de um fato íntimo. Já dissemos que a prece é que santifica o ato da rememoração. Nada importa o lugar, desde que é feita com o coração.

Questão 323

Os Espíritos revelam com frequência pleno conhecimento do que pensam e fazem os familiares reencarnados.

Inconcebível estejam permanentemente ao nosso lado, como desocupados do Além ou relegados à fastidiosa função de *damas de companhia*.

Sabemos que não é assim. Eles desenvolvem atividades relacionadas com sua condição de habitantes do mundo invisível, não raro à distância do contato humano. Mas têm um eficiente veículo de informação: o pensamento, que é a linguagem universal.

Quando encarnados, revestimo-nos de densa armadura - o corpo físico - que inibe nossas percepções, limitando-as às possibilidades de estreitas *janelinhas*: os cinco sentidos.

Assim, o pensamento, como meio de comunicação, fica prejudicado. Diga-se de passagem que o médium, que se habilita a captar o fluxo mental dos Espíritos, convertendo-o em palavras, é simplesmente alguém com uma disposição orgânica adequada a esse contato, como se fosse uma janela ampla e especial na couraça carnal.

Ocorre que a inibição receptora não se estende à capacidade transmissora. Não captamos objetivamente os pensamentos dos desencarnados, mas não estamos impedidos de emiti-los, a se espraiarem pelo cosmos, onde serão captados por Espíritos afins. Quando pensamos intensamente num familiar ou amigo desencarnado, ele captará nossa vibração mental com a carga de sentimentos e emoções que transporta.

Fácil perceber, assim, o cuidado que devemos ter quando falece alguém ligado ao nosso coração, evitando sentimentos exacerbados de desespero, revolta, inconformação. Isto porque eles repercutirão no desencarnado, impondo-lhe penosas impressões.

Nota-se claramente esse problema nas manifestações mediúnicas de recém-desencarnados. A par da emoção pela oportunidade de contato com seus amados, pedem-lhes encarecidamente que mudem suas disposições negativas, cultivando confiança em Deus.

Assim como há os que matam por amor, inspirados no exclusivismo doentio, há os que queimam por amor, afogam por amor, dilaceram por amor, inspirados em mórbidas reminiscências relacionadas com a tragédia que vitimou afetos caros ao seu coração.

Isto porque seus pensamentos desajustados, fixados indelevelmente nas circunstâncias que determinaram o funesto acontecimento, repercutem no desencarnado, fazendo-o reviver impressões e emoções que lhe são penosas.

- Mamãe - diz o Espírito de jovem falecida num incêndio -, cada vez que a senhora me vê assim, sinto-me arder...

- Minha querida - diz o afogado à esposa em desespero -, cesse os questionamentos, imaginando que poderia ter sido diferente. O amor que nos une harmoniza nossas vibrações e pensamentos. Você me tortura com sua mágoa, sua inconformação.

E todos são unânimes ao implorar aos familiares que modifiquem suas disposições retornando à normalidade e reencontrando a alegria de viver.

Isto não significa que nos isentemos de sofrimentos diante do ser amado que parte. Mas é importante não estacionarmos no desespero ou no desalento, dificultando-lhe a jornada além-túmulo.

* * *

Compreendendo que nossos mortos queridos ligam-se a nós por laços de afetividade, colhem nossas vibrações, captam nossos pensamentos, podemos perceber como é despropositada nossa presença no cemitério para homenageá-los. Afinal, ali repousam apenas seus despojos. Além disso há recantos mais aprazíveis para evocações saudosas.

Se um filho se muda para cidade distante e resolve visitar-nos, será de mau gosto marcar encontro com ele no cemitério. Melhor, mais lógico, mais agradável esperá-lo em nossa própria casa, onde convivemos por largos anos, onde cultivamos afetividade e que continua sendo uma extensão de seu novo lar.

Cemitério é depósito de cadáveres. Não tem nada a ver com o ser amado, que está vivíssimo, bem mais vivo que nós, sepultados na carne.

E é vivo - nunca morto - que poderemos senti-lo

junto de nós, no lar enfeitado com flores de afetividade e perfume de saudade, a dizer-nos, no imo de nossa consciência, com muita maior força e emoção do que a mais autêntica manifestação mediúnica:

- Estou aqui!

* * *

Se raros experimentam esse glorioso contato não é porque nos falte sensibilidade psíquica. Falta-nos, isto sim, o cultivo dela e o empenho por superar determinados condicionamentos que a inibem.

O problema talvez esteja relacionado com a precariedade de nossas convicções. Católicos, budistas, evangélicos, espíritas, maometanos, judeus, somos todos espiritualistas, isto é, acreditamos na existência e sobrevivência do Espírito.

Ocorre que essa realidade é para nós algo fugidio, distante, em que não nos detemos devidamente, buscando conhecimento e compreensão. Os religiosos em geral, mesmo entre os espíritas, costumam localizar o intercâmbio com o Além nos domínios do sobrenatural. A ignorância sobre o assunto inspira a ideia de que o contato ostensivo com os Espíritos, nas chamadas aparições, principalmente quando estamos a sós, é algo profundamente ameaçador.

Há, a esse respeito, a história do rapaz que, embora afeito a orações e práticas religiosas, tinha muito medo dos Espíritos. Dotado de alguma sensibilidade, pressentia, não raro, a presença de seu pai desencarnado. Apavorava-se.

Um amigo espírita dizia-lhe:

- Não tenha medo. É seu pai.

- Pode ser, mas virou assombração.

- É seu pai.

- Valha-me,Deus! Que nunca o veja!...

Ele residia perto do cemitério, por onde era obrigado a passar para chegar à sua casa. E o fazia tenso, temeroso, principalmente à noite, quando o manto de mistério faz recrudescerem todos os temores.

Certa feita deixou uma festa por volta de meia-noite. Nas imediações do campo santo o medo o paralisou. Jamais se atreveria a transitar sozinho pelo malfadado trecho, em hora tão tardia quando, segundo suas convicções, as almas andam soltas...

Abrigando-se num poste de luz ficou à espera de um salvador, alguém que fosse na mesma direção. Em breves momentos passou simpático velhinho.

- Boa noite!

- Boa noite, meu filho.

- Pode parecer-lhe estranho, mas posso acompanhá-lo até o outro lado do cemitério?

- Embora eu não seja nenhuma gentil donzela, tudo bem. Gosto de conversar.

Seguiram juntos, falando de trivialidades. Ao passarem junto ao pesado portão que dava acesso ao cemitério, o rapaz explicou:

- Devo uma explicação. Pedi sua companhia porque tenho muito medo dos mortos...

O velhinho sorriu com benevolência.

- Compreendo bem, o que é isso, meu filho. Eu também tinha muito medo dos mortos quando era vivo.

A história não diz se nosso herói caiu duro, desencarnado de susto ou simplesmente fugiu em velocidade de recordista.

De qualquer forma foi uma reação lamentável.

Ele enriqueceria muito sua existência se pudesse desenvolver e usar adequadamente sua sensibilidade, superando milenários temores que inibem nossas possibilidades de gratificantes experiências pessoais, no intercâmbio com o Além.

BIBLIOGRAFIA DO AUTOR

01 – PARA VIVER A GRANDE MENSAGEM 1969
Crônicas e histórias.
Ênfase para o tema Mediunidade.
Editora: FEB

02 – TEMAS DE HOJE, PROBLEMAS DE SEMPRE 1973
Assuntos de atualidade.
Editora: Correio Fraterno do ABC

03 – A VOZ DO MONTE 1980
Comentários sobre "O Sermão da Montanha".
Editora: FEB

04 – ATRAVESSANDO A RUA 1985
Histórias.
Editora: IDE

05 – EM BUSCA DO HOMEM NOVO 1986
Parceria com Sérgio Lourenço
e Therezinha Oliveira.
Comentários evangélicos e temas de atualidade.
Editora: EME

06 – ENDEREÇO CERTO 1987
Histórias.
Editora: IDE

07 – QUEM TEM MEDO DA MORTE? 1987
Noções sobre a morte e a vida espiritual.
Editora: CEAC

08 – A CONSTITUIÇÃO DIVINA 1988
Comentários em torno de "As Leis Morais",
3ª parte de O Livro dos Espíritos.
Editora: CEAC

09 – UMA RAZÃO PARA VIVER 1989
Iniciação espírita.
Editora: CEAC

10 – UM JEITO DE SER FELIZ 1990
Comentários em torno de
"Esperanças e Consolações",
4ª parte de O Livro dos Espíritos.
Editora: CEAC

11 – ENCONTROS E DESENCONTROS 1991
Histórias.
Editora: CEAC

12 – QUEM TEM MEDO DOS ESPÍRITOS? 1992
Comentários em torno de "Do Mundo Espírita e
dos Espíritos", 2ª parte de O Livro dos Espíritos.
Editora: CEAC

13 – A FORÇA DAS IDEIAS 1993
Pinga-fogo literário sobre temas de atualidade.
Editora: *O Clarim*

14 – QUEM TEM MEDO DA OBSESSÃO? 1993
Estudo sobre influências espirituais.
Editora: CEAC

15 – VIVER EM PLENITUDE 1994
Comentários em torno de "Do Mundo Espírita e
dos Espíritos", 2ª parte de O Livro dos Espíritos.
Sequência de Quem Tem Medo dos Espíritos?
Editora: CEAC

16 – VENCENDO A MORTE E A OBSESSÃO 1994
Composto a partir dos textos de Quem Tem Medo
da Morte? *e* Quem Tem Medo da Obsessão?
Editora: Pensamento

17 – TEMPO DE DESPERTAR 1995

Dissertações e histórias sobre temas de atualidade.

Editora: FEESP

18 – NÃO PISE NA BOLA 1995

Bate-papo com jovens.

Editora: O Clarim

19 – A PRESENÇA DE DEUS 1995

Comentários em torno de "Das Causas Primárias", 1ª parte de O Livro dos Espíritos.

Editora: CEAC

20 – FUGINDO DA PRISÃO 1996

Roteiro para a liberdade interior

Editora: CEAC

21 – O VASO DE PORCELANA 1996

Romance sobre problemas existenciais, envolvendo família, namoro, casamento, obsessão, paixões...

Editora: CEAC

22 – O CÉU AO NOSSO ALCANCE 1997

Histórias sobre "O Sermão da Montanha".

Editora: CEAC

23 – PAZ NA TERRA 1997

Vida de Jesus – nascimento ao início do apostolado.

Editora: CEAC

24– ESPIRITISMO, UMA NOVA ERA 1998

Iniciação Espírita.

Editora: FEB

25 – O DESTINO EM SUAS MÃOS 1998

Histórias e dissertações sobre temas de atualidade.

Editora: CEAC

26 – LEVANTA-TE! 1999
Vida de Jesus – primeiro ano de apostolado.
Editora: CEAC

27 – LUZES NO CAMINHO 1999
Histórias da História, à luz do Espiritismo.
Editora *CEAC*

28 – TUA FÉ TE SALVOU! 2000
Vida de Jesus – segundo ano de apostolado.
Editora: CEAC

29 – REENCARNAÇÃO – TUDO O QUE VOCÊ
PRECISA SABER 2000
Perguntas e respostas sobre a reencarnação.
Editora: CEAC

30 – NÃO PEQUES MAIS! 2001
Vida de Jesus – terceiro ano de apostolado.
Editora: CEAC

31 – PARA RIR E REFLETIR 2001
Histórias bem-humoradas, analisadas à luz da Doutrina Espírita.
Editora: CEAC

32 – SETENTA VEZES SETE 2002
Vida de Jesus – últimos tempos de apostolado.
Editora: CEAC

33 – MEDIUNIDADE, TUDO O QUE
VOCÊ PRECISA SABER 2000
Perguntas e respostas sobre mediunidade.
Editora: CEAC

34 – ANTES QUE O GALO CANTE 2003
Vida de Jesus – o Drama do Calvário.
Editora: CEAC

35 – ABAIXO A DEPRESSÃO! 2003

Profilaxia dos estados depressivos.

Editora: CEAC

36 – HISTÓRIAS QUE TRAZEM FELICIDADE 2004

Parábolas evangélicas, à luz do Espiritismo.

Editora: CEAC

37 – ESPIRITISMO, TUDO O QUE
VOCÊ PRECISA SABER 2004

Perguntas e respostas sobre a Doutrina Espírita.

Editora: CEAC

38 – MAIS HISTÓRIAS QUE TRAZEM FELICIDADE 2005

Parábolas evangélicas, à luz do Espiritismo.

Editora: CEAC

39 – RINDO E REFLETINDO COM CHICO XAVIER 2005

Reflexões em torno de frases e episódios bem-humorados do grande médium.

Editora: CEAC

40 – SUICÍDIO, TUDO O QUE VOCÊ PRECISA SABER 2006

Noções da Doutrina Espírita sobre a problemática do suicídio.

Editora: CEAC

41 – RINDO E REFLETINDO COM CHICO XAVIER - Vol II 2006

Reflexões em torn de frases e episódiosbem-humorados do grande médium.

Editora: CEAC

42 – TRINTA SEGUNDOS 2007

Temas de atualidade em breves diálogos.

Editora: CEAC

43 – RINDO E REFLETINDO COM A HISTÓRIA 2007
Reflexões em torno da personalidade de figuras ilustres e acontecimentos importantes da História.
Editora: CEAC

44 – O CLAMOR DAS ALMAS 2007
Histórias e dissertações doutrinárias.
Editora: CEAC

45 – MUDANÇA DE RUMO 2008
Romance.
Editora: CEAC

46 – DÚVIDAS E IMPERTINÊNCIAS 2008
Perguntas e respostas.
Editora: CEAC

47 – BEM-AVENTURADOS OS AFLITOS 2009
Comentários sobre o capítulo V de O Evangelho segundo o Espiritismo.
Editora: CEAC

48 – POR UMA VIDA MELHOR 2009
Regras de bem viver e orientação aos Centros Espíritas
Editora CEAC

49 – AMOR, SEMPRE AMOR! 2010
Variações sobre o amor, a partir de *O Evangelho segundo o Espiritismo.*
Editora: CEAC

50 – O PLANO B 2010
Romance
Editora: CEAC

CTP • Impressão • Acabamento
Com arquivos fornecidos pelo Editor

EDITORA e GRÁFICA
VIDA & CONSCIÊNCIA

R. Agostinho Gomes, 2312 • Ipiranga • SP
Fone/fax: (11) 3577-3200 / 3577-3201
e-mail:grafica@vidaeconsciencia.com.br
site: www.vidaeconsciencia.com.br